中职物理教学方法创新研究

王之锋◎著

 中国商务出版社

·北京·

图书在版编目（CIP）数据

中职物理教学方法创新研究／王之锋著. --北京：
中国商务出版社，2024.7. -- ISBN 978-7-5103-5251-5

Ⅰ. G633.72

中国国家版本馆 CIP 数据核字第 2024V1P211 号

中职物理教学方法创新研究

王之锋◎著

出版发行：中国商务出版社有限公司

地　　址：北京市东城区安定门外大街东后巷 28 号　　邮　　编：100710

网　　址：http://www.cctpress.com

联系电话：010—64515150（发行部）　　　010—64212247（总编室）
　　　　　010—64515164（事业部）　　　010—64248236（印制部）

责任编辑：薛庆林

排　　版：北京天逸合文化有限公司

印　　刷：宝蕾元仁浩（天津）印刷有限公司

开　　本：710 毫米×1000 毫米　1/16

印　　张：14　　　　　　　　　　　　字　　数：208 千字

版　　次：2024 年 7 月第 1 版　　　　　印　　次：2024 年 7 月第 1 次印刷

书　　号：ISBN 978-7-5103-5251-5

定　　价：79.00 元

前　言

在探索知识的海洋中，每一块领域的深入研究都是对人类智慧的挑战与拓展。物理学，作为自然科学的皇冠，以其严谨的逻辑、深邃的内涵，引领我们理解宇宙的奥秘、洞察物质的本质。然而，教育的实践告诉我们，知识的传递并非单向灌输，而是需要在师生互动中激发思考、培养能力。本书正是基于这样的教育理念，致力于探索和创新中职物理教学的方法与策略。

本书先系统地概述了物理教学的基础理论，深入探讨了物理学习的心理机制，并对教学过程的原则和方法进行了详尽的阐释。在此基础上，作者进一步聚焦于物理课程资源的教学设计，分析了如何有效地利用各类教学资源，以培养学生的物理思维和创造性思维。书中特别强调了文化性物理课程的教学策略，探讨了不同物理课型的教学实施策略，以适应多样化的教学需求。

在核心素养日益受到重视的今天，本书对基于核心素养的物理教学设计进行了深入分析，探讨了如何将核心素养融入物理教学中，全面提高学生的综合素质。同时，着眼于现代信息技术在物理教学中的应用，提出了一系列创新的教学模式，以适应数字化时代的教育需求。通过对中职物理教学方法的系统研究与创新实践的探讨，本书期望能够为中职物理教师提供切实可行的教学改革方案，推动教学方法的创新发展，进而提升中职物理教学的整体质量和效果。

作　者

2024. 2

目　录

第一章 物理教学概述

第一节 物理教学理论基础

一、物理教学的哲学基础

物理教学的认识论观点是理解物理教学过程和学生学习的基础。认识论，作为哲学的一个分支，探讨知识的本质、起源、范围和限制。在物理教学中，认识论关注学生如何获取和理解物理概念，以及这些概念如何与现实世界的观察和实验相联系。

物理教学中的科学方法论是指导学生如何进行科学探究和问题解决的原则和步骤，科学方法论强调观察、假设、实验、数据分析和理论构建的重要性。在物理教学中，教师应引导学生通过科学方法发展批判性思维和提高解决问题的能力。

1. 物理教学的认识论观点

物理教学的认识论观点涉及学生如何通过教学活动构建对物理世界的理解，根据康德的认识论，知识起源于经验，但受到先验概念的影响。在物理教学中，意味着学生对物理现象的观察和实验应该与理论框架相结合，以对物理概念产生深刻的理解。以牛顿的运动定律为例，不仅是对物体运动的描述，更是对因果关系和自然规律的深刻洞察。在具体教学中，实验和理论的结合需要详细的设计和实施。

在实验设计中包括定量数据的收集和分析，以牛顿第二运动定律为例，$F = ma$，即力等于质量乘以加速度。在实验中，使用质量为 m 的小车，并施加已知大小的力 F，利用传感器测量小车的加速度 a。通过多次实验，记录不同质量的小车在相同力作用下的加速度或者记录相同质量的小车在不同力作用下的加速度。实验数据记录如表 1-1 所示。

表 1-1　牛顿第二定律实验数据

实验次数	质量（kg）	力（N）	加速度（m/s²）	F/m（N/kg）
1	0.5	1	2	2
2	1	2	2	2
3	1.5	3	2	2
4	2	4	2	2

表 1-1 中的数据是通过实验得到的，显示在相同加速度下，力与质量的比值保持不变，验证了 $F = ma$ 的关系。进一步的分析可以使用线性回归来拟合实验数据，得到回归方程，计算 R^2 值，以评估数据与理论模型的吻合程度。

在理论教学中，除了解释牛顿运动定律，需引入数学工具，如微积分，考虑到运动中的速度 $v(t)$ 和位移 $s(t)$ 与时间 t 的关系，可使用微分方程描述加速度 $a(t) = \mathrm{d}v(t)/\mathrm{d}t$。通过求解初值问题，例如已知初始速度 $v(0)$ 和初始位置 $s(0)$，得到运动的解析表达式。对于匀加速直线运动，已知加速度 a 恒定，速度随时间线性变化，$v(t) = v_0 + at$，位移为 $s(t) = s_0 + v_0 t + (1/2)at^2$。通过公式，学生可以从数学角度理解运动规律，增强对物理现象的理解。在实际教学中，结合物理模拟软件进行实验，提供更直观的理解。例如使用 PhET 仿真模拟实验，让学生在虚拟环境中调整力和质量，观察运动变化。学生通过反复实验，直观理解力与加速度的关系，从而加深了对牛顿第二定律的认识。

2. 物理教学中的科学方法论

科学方法论在物理教学中的应用要求学生掌握从观察到实验设计、数据收集和分析，再到理论构建的全过程，具备提出假设、进行实验验证和根据结果修正理论的能力。通过探究不同质量的物体在斜面上的运动，学生可以学习如何运用控制变量法来研究加速度与质量的关系。实验设计可以选择不同质量的小球在固定倾角的斜面上滚动，通过传感器记录小球的加速度，实验数据记录在表格中以便分析。假设斜面倾角为 θ，采用五个不同质量的小球 m_1、m_2、m_3、m_4 和 m_5，每个小球的加速度为 a_1、a_2、a_3、a_4 和 a_5，通过多次测量得到平均值，如表 1-2 所示。

表 1-2　不同质量小球在固定斜面上加速度实验数据

实验次数	质量（kg）	加速度（m/s²）	a/m [(m/s²)/kg]
1	0.5	2.5	5
2	1	2.5	2.5
3	1.5	2.5	1.67
4	2	2.5	1.25
5	2.5	2.5	1

通过数据观察到，不同质量的小球在相同倾角的斜面上滚动时，加速度保持不变，验证了加速度与质量无关的理论。进一步地，通过数据分析软件对实验数据进行拟合，验证加速度 a 与倾角 θ 之间的关系。根据牛顿第二定律 $F = ma$，斜面上的重力分解为 $mg\sin\theta$，其中 g 为重力加速度。由小球在斜面上的受力分析得出 $a = g\sin\theta$，即加速度与倾角正弦成正比，且与质量无关。通过测量不同倾角 θ 下小球的加速度，验证 $a = g\sin\theta$ 的关系。实验数据如表 1-3 所示。

表 1-3　斜面倾角与小球加速度关系实验数据

实验次数	倾角（°）	$\sin\theta$	加速度（m/s²）
1	15	0.258	2.52
2	30	0.5	4.9
3	45	0.707	6.93
4	60	0.866	8.5
5	75	0.966	9.45

通过 $\sin\theta$ 与加速度 a 的线性拟合，得到回归方程 $a=9.8\sin\theta$，R^2 值接近 1，表明实验数据与理论模型高度吻合。

在教学中，结合实验数据和理论公式，学生可以理解加速度与倾角正弦的关系，以及质量对加速度无影响的物理原理。运用微积分工具进一步分析物体沿斜面运动的位移和速度关系，假设初始位置为 s_0，初始速度为 v_0，则位移 $s(t)=s_0+v_0t+(1/2)at^2$，速度 $v(t)=v_0+at$。在具体计算中，若已知初始速度为 0，加速度为 4.9m/s^2，时间 $t=2\text{s}$，则位移 $s=0+(1/2)\times4.9\times2^2=9.8\text{m}$，速度 $v=0+4.9\times2=9.8\text{m/s}$。

二、物理教学的心理学基础

1. 认知发展理论与物理教学的关系

认知发展理论，特别是让·皮亚杰的理论，为理解学生如何逐步构建对物理世界的理解提供了框架，皮亚杰的理论强调了儿童思维发展的阶段性，从感觉运动阶段到形式运算阶段。在物理教学中，指导教师根据学生的认知发展水平调整教学内容和方法，以促进学生的理解和学习效果。具体而言，对于处于感觉运动阶段的学生，教师应设计直观的实验和观察活动来帮助他们探索物理现象。通过简单的力学实验，如滑动物体或弹簧的拉伸，学生可以直接观察到力和运动的关系，从而建立起直观的物理概念。利用图表和示意图将实验结果可视化，帮助学生更好地理解物理量之间的关系，如位移、速度和加速度的变化，直观的教学方法有助于学生在感觉运动阶段形成基本的物理观念和培养物理直觉。

随着学生逐渐进入具体运算阶段，教学方法需要相应调整，以更深入地探索物理规律和概念。在这个阶段，教师引入更复杂的实验设计和定量分析，以帮助学生发展抽象思维和提高定量推理能力。例如，通过精确测量和数据记录，学生可以探索牛顿运动定律并验证其在不同条件下的适用性。教师加以引导学生使用数学模型，如公式和图表，来描述和预测物理现象，从而培养学生的定量思维和科学建模能力。在这一阶段，学生不仅需要理解物理现象背后的定量关系，还需要学会使用数学工具和技术来解决物理问题，进而加深对物理学原理的理解。

当学生进入形式运算阶段，证明其已具备了较高的抽象推理能力和数学建模能力，教学可以进一步深化物理理论的学习和应用。在这个阶段，教师以引导学生通过理论推导和数学推理来探索更复杂的物理理论，如电磁场理论或量子力学基础。通过引入更抽象和理论化的教学内容，如物理公式的推导和理论模型的构建，使学生深入理解物理学中的基本概念和原理，并能够将其应用到实际问题的解决中。同时，教师还可以通过案例分析和实际应用来展示物理学在现实生活中的应用，进一步激发学生的兴趣和学习动力。

2. 动机理论在物理教学中的应用

动机理论在物理教学中的应用是促进学生学习兴趣和参与度的重要途径，根据自我决定理论，学生的内在动机通过满足自主性、能力感和关联性三个基本心理需求来增强。自主性通过给学生提供选择课题、实验设计或解决问题的机会来实现。能力感通过设定与布鲁姆教育目标分类学相匹配的挑战性目标来培养，该分类学将认知领域的学习目标分为知识、理解、应用、分析、综合和评价六个层次。关联性则通过建立积极的课堂氛围和同伴互助来加强。

在实践中，教师设计物理探究项目，目的是让学生在小组合作中应用物理原理解决实际问题，同时记录学生的选择次数和参与度，以量化自主性的实现程度。

外在动机理论，如马斯洛的需求层次理论，指出个体行为是为了满足一系列层次化的需求。在物理教学中，教师通过表扬、成绩和竞赛等形式来激励学生。表扬是基于学生的努力和成就，及时的正面反馈来实现。成绩则是用公正的评价体系来反映学生学习进步的具体表现，使用标准差和平均分等统计指标来量化学生成绩的分布情况。竞赛可以激发学生的竞争意识和团队合作精神，教师通过设置基于积分的奖励系统来实现，学生在课堂上的积极参与、作业完成情况以及实验报告的质量都可以获得相应的积分，积分可以兑换小奖品或者额外的学习资源。

为了进一步量化动机理论在物理教学中的效果，教师采用动机向量表等标准化问卷来评估学生的内在和外在动机水平。问卷的信度和效度通过

Cronbach's alpha 系数和因子分析来确定。通过量化方法，教师可以更准确地评估动机策略的有效性，并根据数据反馈调整教学方法。教师还应注意避免单一的激励手段，而应结合学生的个体差异，采取多元化的动机激发策略。对于不同学习风格的学生，教师应设计不同的教学活动，如视觉型学生通过图表和视频来学习，而动手型学生则用实验和操作来加深理解。

三、物理教学的教育学基础

1. 教育目标分类理论与物理教学目标设定

教育目标分类理论，由布鲁姆及其同事于 1956 年提出，为物理教学目标的设定提供了一个多维度的框架，该理论将教育目标分为认知、情感和心理动作三个领域，每个领域内又细分为不同的层次，以指导教学活动的设计和实施。

在认知领域，教学目标从基础到高级分为六个层次：知识、理解、应用、分析、综合和评价。知识层次要求学生能够记忆物理概念和公式，例如牛顿第二定律的表达式 $F = ma$。理解层次则要求学生不仅记忆公式，还要能够解释其含义，如力是质量和加速度的乘积。应用层次进一步要求学生能够将理解的概念应用到新情境中，解决实际问题，如计算不同质量物体在不同力作用下的加速度。情感领域的目标关注学生对物理学科的情感态度、价值观和兴趣，通过设计吸引学生兴趣的实验和讨论活动来实现，从而提高学生对物理学科的积极态度和价值认同。心理动作领域的目标则侧重于学生的操作技能，特别是物理实验中所需的操作，要求学生通过实践活动，如使用天平、弹簧秤、打点计时器等实验器材，来提高他们的实验操作技能。

为了设定具体的物理教学目标，教师需要确定教学内容在认知领域的层次，根据学生的认知发展水平和学习风格，选择合适的教学策略。对于初学者，教师需要从基础的知识记忆开始，逐步引导至更高层次的理解与应用。对于高级阶段的学生，则可以设计更复杂的实验和问题解决任务，以促进分析和综合能力。教学目标的设定应包括可量化和可评估的学习成果，通过定期的测试、实验报告、课堂表现和同伴评价等多种方式来实现。例如，教师可以设计一个实验，让学生测量不同质量的物体在不同力作用下的加速度，并与牛顿第二定律的预测进行比较。学生的表现可以通过实验设计，数据收集、分析和结论的准确性来评估。教师利用教育技术工具，如学习管理系统（Learning Management System，LMS），来跟踪学生的学习进度和成绩，以及提供即时反馈。通过数据，教师可以及时调整教学策略，以满足学生的学习需求。在情感和心理动作领域，教师则通过观察学生在课堂讨论和实验活动中的参与度来评估情感态度和操作技能。

2. 教育评价理论与物理教学评价方法

教育评价理论为物理教学提供了一套系统的方法来衡量学生的学习成果和教学活动的有效性，评价过程通过形成性评价和总结性评价两种方式实现，其中形成性评价是教学过程中的连续性评价，旨在为学生提供及时反馈，促进教学策略的调整和学生学习的改进；总结性评价则在教学周期结束时进行，旨在全面评定学生的学习成果。

在物理教学领域，教师运用多种评价工具和方法来全面评估学生的知识掌握、技能应用和思维发展。观察法允许教师记录学生在实验操作、小组讨论等教学活动中的行为表现和参与程度，通过对学生互动频率和质量的量化分析，揭示学生的认知参与和情感态度。教师可以制定观察记录表，评估学生在实验中的合作能力、实验设备操作技能以及对实验过程的理解和反应能力。

测验可以定期通过书面或口头的形式进行，书面测验通过设置不同难度的题目，涵盖记忆、理解和应用等层次，以评估学生对物理概念和原理的掌握程度。例如，可以设计一个包含20道选择题和5道计算题的测验，题目难度分布按照布鲁姆认知目标分类，以确保全面覆盖不同层次的学习目标。实验报告的评价则更加关注学生的实验设计能力、数据分析技巧和科学论证能力。教师制定评价标准，如实验设计的创意性、科学性和可行性，通过量化评分表来评估学生的实验报告。例如，实验设计的创意性可以按照新颖性、原创性等指标进行评分，科学性则依据实验假设的合理性和实验方法的科学性进行评价。同伴评价和自我评价的引入，旨在培养学生的批判性思维和自我反思能力，通过设计评价量表和反馈模板，学生可以学习如何评价同伴的工作并提供建设性反馈，同时也能够对自己的学习成果进行客观的自我评估。

例如，教师组织学生进行小组讨论和同伴评价，根据共同制定的评价标准来互相评估实验报告或解答题的完整性和科学性，进而提升学生的合作能力和学术交流技巧。

以牛顿第二定律的实验项目为例，教师可以设计一个综合性评价体系，采用5分制评分（1分表示较差，5分表示优秀），如表1-4所示。

表1-4　教学评价指标

评价维度	评价子项	描述/指标	分值范围（分）
实验设计	创意性	方案的新颖性和原创性	1~5
	科学性	假设的合理性和方法的科学性	1~5
	可行性	实验方案的实际操作可能性	1~5
数据分析	准确性	数据收集和处理的准确度	1~5
	逻辑性	分析过程中逻辑推理的严密性	1~5
结论撰写	清晰性	结论表述的明确性和条理性	1~5
	说服力	结论对实验结果的解释力度	1~5
同伴评价	建设性反馈	对同伴工作的有益评价和建议	1~5
自我评价	自我反思	对个人学习过程和成果的反思深度	1~5

通过评价体系，教师可以全面了解学生的学习情况，并根据评价结果调整教学策略，以促进学生在物理学科上的深入理解和应用能力的提升。同时，评价方式也有助于学生了解自己的优点和不足，从而更有针对性地进行学习。

第二节　物理学习心理分析

一、物理学习的认知过程

1. 物理现象的感知与观察

学生通过感官对周围环境中的物理现象进行感知，例如观察物体的运动状态、感受温度变化等。教师应引导学生注意观察细节，培养其观察力和感知能力，在进行热传导实验时，通过比较不同材料的导热系数来展示热传导性能的差异。具体做法包括准备铜、铝、不锈钢和玻璃等材料。每种材料切割成相同尺寸的长条，长度为 10cm，宽度为 2cm，厚度为 0.5cm。然后，将材料一端固定在加热源上，另一端放置温度传感器。加热源使用恒温加热板，设定温度为 100℃，并保持恒温。记录每种材料在加热 5min 后的温度变化，通过实验数据绘制温度—时间曲线。铜的热导率约为 401W/（m·K），铝为 237W/（m·K），不锈钢为 16W/（m·K），玻璃为 1W/（m·K）。实验数据显示，铜的温度变化最快，其次是铝，不锈钢和玻璃的温度变化相对较慢。根据公式 $Q = k \cdot A \cdot \Delta T \cdot t$ 可以计算出热传递量，其中 k 是热导率，A 是截面积，ΔT 是温度差，t 是时间。设定截面积为 $1cm^2$，即 $A = 1 \times 10^{-4} m^2$，温度差 ΔT 设为 70K，时间 t 为 300s，代入公式可以计算出不同材料的热传递量。实验数据如表 1-5 所示。

表 1-5　材料的热传导性能实验数据

材料	热导率 ［W/（m·K）］	温度变化（℃）	热传递量（J）
铜	401	60	0.8421×10^3
铝	237	45	0.4977×10^3
不锈钢	16	15	0.0336×10^3
玻璃	1	5	0.0021×10^3

在实验过程中，教师应注意引导学生认真记录每一个实验细节，仔细观察温度传感器的读数变化，并在实验结束后进行数据整理和分析，绘制出温度随时间变化的曲线，帮助学生理解热传导过程中的能量转移机制和影响因素。

2. 物理概念的形成与理解

学生在感知物理现象的基础上，通过教师的引导和自身的思考，逐步构建起对物理概念的认识，教师采用多种教学方法，如讲授法、讨论法等，帮助学生深入理解物理概念的内涵和外延。在讲解牛顿第二定律时，通过实验演示不同质量的物体在受力后的加速度变化，学生理解了力与加速度之间的定量关系，包括准备不同质量的物体，例如 1kg、2kg、3kg 和 4kg 的滑块，以及一台能够精确控制和测量力的力传感器和一个平滑的水平面。实验开始时，将滑块放置在水平面上，并通过力传感器施加不同大小的恒定力，例如2N、4N、6N和8N，记录滑块在力作用下的加速度。通过测量滑块运动的时间和距离，可以利用公式 $a = \dfrac{2s}{t^2}$ 计算加速度，其中 s 是位移，t 是时间。

为了确保实验的准确性，实验应多次重复，取平均值以减小误差，在实验过程中，记录每次实验的数据，包括滑块质量、施加的力、位移和时间，并通过公式 $F = ma$ 进行验证，其中 F 是施加的力，m 是滑块质量，a 是计算得出的加速度，如表1-6所示。

表1-6　不同质量滑块在不同力作用下的加速度实验数据

滑块质量（kg）	施加的力（N）	位移（m）	时间（s）	加速度（m/s²）	理论加速度（m/s²）
1	2	0.5	1	1	2
1	4	1	1	2	4
1	6	1.5	1	3	6
1	8	2	1	4	8
2	2	0.25	1	0.5	1
2	4	0.5	1	1	2
2	6	0.75	1	1.5	3
2	8	1	1	2	4
3	2	0.167	1	0.33	0.67
3	4	0.333	1	0.67	1.33
3	6	0.5	1	1	2
3	8	0.667	1	1.33	2.67
4	2	0.125	1	0.25	0.5
4	4	0.25	1	0.5	1
4	6	0.375	1	0.75	1.5
4	8	0.5	1	1	2

学生可以直观地看到不同质量物体在相同力作用下的加速度差异，以及

相同物体在不同力作用下的加速度变化，进一步理解牛顿第二定律的内容，即 $a = \dfrac{F}{m}$。实验不仅培养了学生的观察力和分析能力，还使学生掌握了基本的实验操作技能，熟悉实验仪器的使用，数据记录和分析培养其逻辑思维能力和科学素养。在实验过程中，教师应注意引导学生认真记录每一个实验细节，仔细观察并记录每次施加力后的运动状态，并在实验结束后进行数据整理和分析，绘制出力与加速度的关系图，帮助学生理解力与加速度之间的线性关系。此外，实验中出现的数据误差应当引起学生的关注，通过讨论误差来源及减小误差的方法，提高其实验设计和数据处理的能力。

3. 物理知识的迁移与应用

物理知识的迁移与应用是认知过程的高级阶段，学生在掌握了物理概念和规律之后，需要将其应用到新的情境中，解决实际问题。在此阶段，教师应设计多样化的练习和问题情境，促进学生将所学知识进行迁移和应用。通过设计电路实验，让学生运用欧姆定律解决实际电路问题，培养学生的实践能力和创新思维。选择适当的电源，如直流电源供电，设定电压为5V。选择不同阻值的电阻器，如100Ω、200Ω、300Ω和400Ω，并连接到电路中，测量电路中的电流和电压。根据欧姆定律 $V = IR$，其中 V 是电压，I 是电流，R 是电阻值，计算电路中的电流值。实验中，记录每组电阻器的电流和电压数据，以及通过计算得出的电阻值。当电阻器阻值为100Ω时，测得电压为3V，则根据欧姆定律，电流 $I = \dfrac{V}{R} = \dfrac{3}{100} = 0.03\mathrm{A}$，实验数据如表1-7所示。

表1-7 电阻器阻值与电流关系的实验数据

电阻器阻值（Ω）	电源电压（V）	测量电压（V）	计算电流（A）
100	5	3	0.03
200	5	2.5	0.0125
300	5	1.67	0.0056
400	5	1.25	0.0031

二、物理学习的情感与动机

1. 学生对物理学科的情感态度

情感态度涵盖了学生对物理知识的兴趣和好奇心，包括对学习过程的享受和对学科应用的认可。积极的情感态度能够有效促进学生的内在动机，进而增强学习深度和持久性。在物理教学中，教师通过合适的教学设计和实践活动，能够有效激发学生的学习兴趣和积极情感。

第一，通过展示物理知识在现实世界中的广泛应用来提升学生对物理学科的认可和兴趣。例如，通过讨论物理学在航空航天领域中的应用，如飞机设计中的气动力学原理和航天器的轨道动力学计算，教师能够引导学生深入理解物理学在现代科技进步中的关键角色。实例化的教学方法不仅使抽象的物理概念更加具体和实用，还能够激发学生对知识探索的欲望，从而培养其对物理学科的积极态度。

第二，运用实验和实际操作来增强学生对物理学习的亲身体验和参与感，通过设计和进行与课程内容相关的实验，学生能够直接观察实验现象和探索实验物理原理，从而加深对物理现象的理解和激发对物理原理的兴趣。利用简单的实验装置和测量工具，教师以引导学生探索力学、光学等物理学的基础原理，如牛顿运动定律的验证或光的折射实验，不仅能够帮助学生理解抽象的理论概念，还能够直接激发学生对物理学科的积极态度和学习兴趣。

第三，教师在教学过程中，通过提出具有挑战性和启发性的问题来激发学生的思维深度和求知欲。在讨论力学问题时，设计一些开放性的问题，鼓励学生分析和解决实际生活中的复杂物理现象，如运动物体的速度变化或物体间的力学相互作用，不仅能够增强学生的问题解决能力，还能够培养其对物理学科深入探索的兴趣和积极情感。

2. 激发学生学习物理的动机策略

（1）自主性

教师通过提供不同难度级别的物理问题集来赋予学生选择权，学习任务的自主选择不仅使学生能够根据个人兴趣和能力水平进行适当的挑战，还能够增强其在学习过程中的自我管理和自我调节能力。

让学生参与到问题选择的过程中，教师的职责不仅仅是传授知识，更是在引导学生发展其独立思考和解决问题的能力。例如，设计一系列涵盖力学、电磁学、光学等不同领域的物理问题，每个问题具有不同的难度和挑战性。学生根据自身的兴趣和学习目标选择适合自己的问题进行深入探究和解答，个性化的学习体验不仅能够激发学生的学习兴趣，还能够提高学生学习动机和投入度。

研究表明，学生在面对能够自主选择的学习任务时，其内在动机水平显著提升，因为他们感受到了对学习过程的控制权，能够更加积极地投入到解决问题和探索知识的过程中。自主选择的学习环境不仅促进了学生学术能力的发展，还培养了其在面对复杂问题时的解决策略和批判性思维能力。

（2）能力感

能力感的培养则需要通过教师设计难度适宜的学习任务并及时反馈，帮助学生认识到自己的进步。教师可以通过设置分级的实验任务来实现这一目标，从简单到复杂的实验设计，让学生逐步掌握和应用物理原理。在完成每个实验任务后，学生通过实验结果的对比分析，直观地感受到自己实验技能和理论理解的提升，分级实验任务不仅有助于学生逐步建立起对物理学的自信心，还能够促进学生的学习动机和持久的参与度。此外，定期的能力测试也是评估学生学术进展和能力水平的重要手段，通过测试，学生可以清晰地了解自己在物理学习中的现状和进步，从而调整和优化学习策略。教师根据测试结果为学生提供个性化的反馈和建议，帮助学生更有效地克服学习中的困难，并继续提升自己的学术能力。基于能力提升的正向反馈能够显著增强学生的自信心和学习动机，正向循环使学生在面对挑战和复杂问题时更加勇于探索和解决，进而提升其学术成就和长期学习的动力。

（3）关联性

教师应当将抽象的物理概念与学生的日常生活和社会实际紧密联系起来，让学生能够在实际情境中体验和应用所学到的物理知识。例如，在讲解力学原理时，汽车制动距离的计算，教师就可以引入相关的物理公式来帮助学生理解不同条件下的制动效果。

制动距离 d 的计算可以用物理公式 $d = \dfrac{u^2}{2\mu g}$ 来表达，其中 u 表示速度，μ 表示摩擦系数，g 表示重力加速度。通过公式，学生可以分析不同速度、不同路面情况下的制动距离，并将理论知识与实际情境结合起来，深入理解物理原理在日常生活中的应用。例如，教师设计实验或模拟场景，让学生通过实际测量或计算，了解不同车速下车辆的制动距离，以及摩擦系数对制动距离的影响。实际应用的体验不仅能够增强学生对物理概念的直观理解，还能够提升他们对学习物理知识的兴趣和实用价值的认同感。教师引导学生探讨物理原理在现代技术和工程中的广泛应用，如汽车制动系统的工程设计、交通安全规范的制定等。

三、物理学习的学习策略

1. 自主学习策略在物理学习中的应用

自主学习策略能够通过学生自我调控学习过程，主动获取知识和解决问题，从而深化对物理概念的理解与应用能力。教师在教学中可以设计开放性问题，例如让学生探索光的折射定律。学生通过查阅资料获取相关的理论知识和数学公式，比如折射定律的数学表达式：

$$\frac{n_1}{n_2} = \frac{\sin\theta_1}{\sin\theta_2}$$

其中，n_1 和 n_2 分别表示两种介质的折射率，θ_1 和 θ_2 分别为光线在两种介质中的入射角和折射角，利用公式计算不同介质之间光线的折射情况，并通过实验数据验证理论的正确性。例如，进行水与空气的折射实验，测量不同入射角下的折射角度，利用公式计算折射率，并将实验结果整理如表1-8所示。

表1-8　水和空气折射率实验数据

入射角 θ_1（°）	折射角 θ_2（°）	折射率 $\dfrac{\sin\theta_1}{\sin\theta_2}$
10	6	1.33
20	12	1.33

续表

入射角 θ_1（°）	折射角 θ_2（°）	折射率 $\dfrac{\sin\theta_1}{\sin\theta_2}$
30	18	1.33
…	…	…

2. 合作学习策略在物理学习中的实践

教师依据教学目标和内容，将学生划分为小组，每组成员根据个人特长和兴趣分配不同的研究任务。在探究牛顿第二定律的实验中，一组学生负责收集不同质量的物体，另一组负责测量相应的加速度，再由其他组员记录实验数据并进行分析，学生不仅能够全面参与到实验的各个环节，还能够在小组讨论中相互启发，共同构建对物理概念的深入理解。

在合作学习中，学生被要求完成一项包含多个步骤的物理实验项目。教师可以设计一个表格来记录每个小组的观察和数据，如表1-9所示。

表1-9 物体质量、施加力和加速度的实验数据记录

小组编号	物体质量（kg）	施加力（N）	加速度（m/s²）	观察记录
1	0.5	10	202020	物体从静止开始滑动
2	1	20	202020	物体速度较快
…	…	…	…	…

教师还可以设计详细的评价量表，包括学生的参与度、合作精神、任务完成情况等多个维度，记录学生在小组讨论中的发言次数、质量以及对他人观点的反馈情况，以此作为评价学生合作学习能力的依据。同时利用 LMS 收集学生的实验报告、问卷调查等数据，通过统计分析，客观评估合作学习对学生物理学习成绩的影响。

为了进一步优化合作学习策略，教师可以根据学生的学习风格和需求，灵活调整小组的规模和组成。例如，对于理论性较强的内容，采用人数较少的小组进行深入讨论；而对于实验操作性较强的内容，则采用人数较多的小组，以提高学生的参与度和操作机会。同时，利用信息技术，如在线协作平

台，为学生提供更广阔的合作学习空间。学生可以在平台上分享资料、讨论问题、提交作业，教师实时跟踪学生的学习进度和问题，及时给予反馈和指导。

3. 探究学习策略对物理学习的影响

在物理学习中，探究学习策略作为一种以学生为中心的教学方法，通过学生主动探索、实验、数据收集和结果分析，能够显著提升学生对物理概念的理解和应用能力。以力学原理的教学为例，教师设计一系列探究活动：学生通过实验操作，观察物体在不同条件下的运动规律，记录相关数据；利用所得数据进行图表分析和数学建模，以验证力学原理的具体表达式；通过比较实验结果与理论预测值的差异，学生能够自主发现并理解力学原理的本质。具体来说，教师可以设计如下教学：研究物体的加速度与外力的关系。

（1）实验设定与数据收集

学生使用斜面和滑轮系统，在不同角度和质量的物体上施加不同大小的力，通过测量物体的加速度来研究外力与加速度的关系，记录下每次实验的斜面角度、物体的质量、施加的力大小以及物体加速度的测量结果，如表1-10所示。

表1-10　实验数据

斜面角度（°）	物体质量（kg）	施加的力（N）	物体加速度（m/s^2）
30	0.5	2	1.2
45	1.0	3	2.0
60	1.5	4	2.5

（2）图表分析与数学建模

学生将收集到的数据绘制成图表，如力与加速度的关系图，以及斜面角度与加速度的关系图。通过观察图表，初步推断出力与加速度之间的数学关系，例如发现加速度与施加力成正比。如果设定外力 F 和加速度 a 的关系为 $a = k \cdot F$，学生可以通过线性回归分析确定比例常数 k，从而得出加速度与外力大小的定量关系。

（3）理论预测与实验验证

学生利用数学模型计算预期的加速度，并与实际测得的加速度进行对比。通过比较，学生可以验证所学的力学原理是否成立，并探讨实验中存在的误差及其来源。

四、物理学习的个体差异

1. 不同年龄阶段学生的物理学习特点

学生在不同年龄阶段的认知能力和心理特点的差异性，也会对物理学习的方式和效果产生影响，皮亚杰的认知发展理论指出，儿童在7~11岁的具体运算阶段，开始发展对具体事物之间关系的逻辑理解能力，为学习基础物理概念奠定了认知基础。在此阶段的学生能够通过实际操作和观察来理解速度和力的关系，随着进入11岁及以上的形式运算阶段，青少年的认知能力进一步发展，能够进行更加抽象的思维活动，如理解并应用牛顿运动定律来解决物理问题。

在教学中，教师可以根据学生的年龄和发展阶段设计适宜的教学活动，对于年幼的学生，教学活动应侧重于使用直观的教具和实验，以促进学生对物理概念的直观理解，利用小车和斜面来演示重力和加速度的概念，通过测量不同斜面上小车滑下的时间来引入速度和加速度的计算。而对于年龄大一点的学生，可以设计更高层次的思维活动，如引导学生通过抽象的物理公式来推导和解决问题，例如使用牛顿第二定律 $F = ma$ 来计算力。

为了适应不同年龄阶段学生的认知特点，教师可以采用差异化教学策略，包括调整教学内容的难度、提供多样化的教学资源以及采用灵活的教学方法。教师为不同认知水平的学生提供不同层次的问题，以确保每个学生都能在自己的水平上得到挑战和发展。此外，还可以利用教育技术，如模拟软件和在线互动工具，来支持学生的物理学习。

比如在教授"光的折射"概念时，教师通过多媒体展示光从空气进入水中的动画，以吸引年幼学生的注意力。随后，教师引导学生进行实验，使用激光笔和玻璃砖来观察光线的路径变化，并测量不同角度下的折射角。对于年龄大一点的学生，教师进一步引入折射率的概念，并引导学生使用公式 $n =$

$\dfrac{\sin i}{\sin r}$ 来计算不同介质的折射率，其中 i 代表入射角，r 代表折射角，由直观到抽象的教学过程，使学生能够逐步建立起对光折射现象的深入理解。利用表格来记录学生的实验数据和学习进展，如表 1-11 所示。

表 1-11　学生光折射实验数据

学生姓名	实验日期	入射角（°）	折射角（°）	折射率计算	观察记录	学习反馈
学生 A	2024/6/23	30	22	1.38	光线在玻璃中偏折	理解折射概念
学生 B	2024/6/24	45	32	1.41	观察到光线的色散	对折射率计算有疑问
…	…	…	…	…	…	…

2. 不同学习风格学生的物理学习需求

学习风格的概念反映了学生在认知、情感和心理动机方面对学习过程的个性化偏好。科尔布的学习风格类型理论进一步细化了偏好，将学生分为发散者、聚合者、同化者和适应者四种类型。每种类型的学习风格都有其特点和学习倾向。

发散者类型的学生在学习过程中偏好通过讨论和探索新观点来获取知识，通常表现出较高的创造性思维能力，善于从不同角度审视问题。为满足学生的学习需求，教师可以采用小组讨论、头脑风暴和案例分析等教学方法。在探讨物理中的光学现象时，教师可以组织学生进行小组讨论，让学生提出关于光的性质和行为的各种假设，并通过实验来验证这些假设。聚合者类型的学生则倾向于通过实践和实验来掌握知识，通常具有较强的操作能力和解决实际问题的能力。在物理教学中，教师可以设计各种实验和项目，通过亲自操作来学习物理概念，让学生通过构建电路来学习欧姆定律，通过测量不同物质的密度来理解质量和重力的关系。同化者类型的学生喜欢通过观察和思考来理解概念，在学习过程中更注重对知识的内在理解和联系。为了适应这类学生的学习风格，教师可以采用讲授、示范和引导式提问等教学方法。例如，在讲解牛顿运动定律时，教师先通过讲授和示范来介绍基本概念，通过提问引导学生思考这些定律在不同情境下的应用。适应者类型的学生更倾向于通过直观和体验来学习，在学习过程中更注重对知识的感知和体验。教师通过使用多媒体教学资源、虚拟现实技术和现场演示等手段来增强学生的学习体验。在教授电磁学时，教师可以使用计算机模拟软件来展示电磁场的分布，让学生通过直观感受来理解电磁学的概念。为更有效地实施差异化教学，教师可以记录和分析学生的学习风格和教学，如表 1-12 所示。

表 1-12　学生学习风格与教学效果记录

学生姓名	学习风格类型	教学方法	学习活动	学习成效	教学反馈
学生 A	发散者	小组讨论	光学现象假设	高	学生表现出创造性思维
学生 B	聚合者	实验操作	电路构建	中	学生在实践中学习效果好
学生 C	同化者	讲授示范	牛顿定律应用	中	学生对概念理解深入
学生 D	适应者	多媒体教学	电磁场模拟	高	学生通过直观体验学习

通过记录和分析，教师可以更准确地了解每个学生的学习风格和需求，从而调整教学策略，提高教学效果。教师还可以通过公式来评估学生的学习成效：$学习成效 = \dfrac{学生掌握的知识点数量}{教学目标中要求的知识点数量}$，帮助教师量化学生的学习进度，从而更客观地评估教学方法的有效性。

3. 特殊学生的物理学习支持策略

特殊学生群体包括学习障碍、注意力缺陷、自闭症谱系障碍及其他具有特殊需求的学生，在学习物理时常常面临不同于一般学生的挑战。为有效支持这些学生的学习，教育者需采取包容性教学策略，包括差异化教学、个性化学习计划和辅助技术的应用。

差异化教学策略要求教师识别每个学生的特殊需求，并据此调整教学内容、教学方法和评估方式。对于具有阅读障碍的学生，教师可以利用图表、流程图和概念图等视觉工具来辅助教学，使抽象的物理概念形象化、直观化。在教授电路原理时，教师可以设计一个实验活动，让学生通过实际操作电路元件来理解电流、电压和电阻之间的关系，同时使用多媒体展示电路的动画，以增强学生的视觉感知。对于听力障碍的学生，教师结合手语和书面指导进行教学，确保学生能够准确理解物理术语和概念。在讲解声波的属性时，教师可以使用手语来表示声波的频率和振幅，并在黑板或电子屏幕上写下关键词汇和公式，以加强学生的理解。个性化学习计划则要求教师根据特殊学生的具体能力和需求，制定个性化的学习目标和计划，包括调整作业难度、提供额外的学习时间和资源，或者采用一对一辅导的方式。教师可以为具有自闭症谱系障碍的学生提供一个安静的学习环境，并根据学习节奏安排教学进度。辅助技术也是支持特殊学生学习的有效手段，教育技术工具，如屏幕阅读软件、语音识别程序和特殊教育软件，为特殊学生提供额外的学习支持。例如，屏幕阅读软件可以帮助视力障碍的学生阅读屏幕上的物理公式和文本。

为了更好地实施包容性教学策略，教师可以与特殊教育专家合作，共同制定和评估教学计划的有效性，如表 1-13 所示。

表 1-13　特殊学生物理学习支持记录

学生姓名	特殊需求类型	教学策略	学习活动	学习成效评估	教学反馈
学生 A	学习障碍	视觉辅助工具	电路实验	通过观察和操作理解电路原理	需要更多实践机会
学生 B	听力障碍	手语和书面指导	声波讲解	通过手语理解声波属性	需要手语翻译支持
学生 C	自闭症谱系障碍	个性化学习计划	安静学习环境	按照个人节奏学习	需要更多个别关注
学生 D	视力障碍	屏幕阅读软件	物理文本阅读	使用屏幕阅读器理解文本	需要调整阅读器设置

第三节　物理教学的过程、原则和方法

一、物理教学的过程

1. 导入新课

导入新课阶段作为教学活动的起始环节，其目的在于激发学生对即将学习的内容的兴趣和好奇心。在力学基础知识的介绍中，教师需通过准备充分的实验和多媒体资源，结合学生的先验知识和对教学内容的深入把握，以确保教学效果的达成。

为引导学生对力学概念的理解和探索，教师可以设计一个简单的自由落体实验。实验器材包括高度计时装置、自由落体装置和计时器。如表 1-14 所示，列出了实验所需的主要器材及其规格。

表 1-14　自由落体实验所需主要器材及规格

实验器材	规格
高度计时装置	数字显示，精度 0.01s
自由落体装置	含支架和球体（重物），高度可调
计时器	手持型数字计时器，精度 0.01s

教师设定自由落体装置的高度，并确保球体（重物）自由落下，同时使用高度计时装置记录球体自由落体的时间，以测量自由落体的加速度。通过计时器记录自由落体过程中的时间数据，例如在不同高度下球体自由落体的时间和高度之间的关系。

根据力学基础理论，自由落体运动的加速度通过 $g = \dfrac{2h}{t^2}$ 计算，其中，g 为重力加速度，h 为自由落体高度，t 为自由落体的时间。例如，设定高度 $h=$ 1m，通过实验记录得到自由落体时间 $t=0.45\text{s}$，则可以计算出重力加速度：$g = \dfrac{2 \times 1}{(0.45)^2} = 9.88\text{m/s}^2$，通过展示实验数据和计算结果，引导学生分析和讨论物体质量对自由落体运动的影响，进而激发学生对物理学习的进一步兴趣和探索欲望。

2. 呈现新知

呈现新知作为教学过程的核心环节，其执行质量直接影响学生对物理概念的理解和掌握。此阶段的教学活动应围绕概念阐释、理论讲解和示范实验展开，同时需细致考虑教材内容与学生认知水平的匹配度，确保知识传递的适宜性。

概念的阐述需从直观现象出发，逐步引导至抽象定义，在讲解动量守恒定律时，教师可通过展示两个不同质量的球体碰撞的视频，记录并展示碰撞前后的动量数据，从而引出动量守恒的概念。在此基础上，教师进一步推导出动量守恒的数学表达式：$\sum\limits_{i=1}^{n} m_i \vec{u}_{iininial}$，其中 m_i 和 $\vec{u}_{iininial}$ 分别代表第 i 个物体的质量、初始速度矢量。

理论讲解应注重逻辑性和条理性，通过比较、类比等方法帮助学生构建知识框架，在讲解电磁感应时，可对比静电力和磁力的性质，引出法拉第电磁感应定律，并通过公式 $E = -\dfrac{\mathrm{d}\varPhi_B}{\mathrm{d}t}$ 展示感应电动势与磁通量变化率的关系。

示范实验的设计需确保安全性、可操作性和教育性，实验应能够直观展示物理现象，同时便于学生观察和记录数据。在讲解折射定律时，教师可设计一个光线通过不同介质的实验，使用半圆形玻璃砖和激光器，让学生测量不同介质下光线的入射角和折射角，如表1-15所示。

表1-15　不同介质间光折射性质的实验数据

介质	入射角（°）	折射角（°）	折射率
空气到水	45	30	1.5
水到玻璃	30	20	1.5

通过实验数据，教师引导学生推导出折射定律的公式 $n_1\sin(\theta_1) = n_2\sin(\theta_2)$，并讨论不同介质对光线传播的影响。

比如，在讲解简谐振动时，教师通过动画展示弹簧振子的运动，记录不同时刻振子的位移和速度，引导学生观察振子的运动周期性。随后，教师介绍简谐振动的周期和频率概念，并推导简谐振动的位移公式 $x(t) = A\cos(wt + \varphi)$，其中 A 为振幅，w 为角频率，φ 为初相位。通过实验，学生测量弹簧振子的周期，并与理论计算值进行比较，分析误差来源。

3. 巩固练习

巩固练习在教学过程中不仅帮助学生加深对新知识的理解和记忆，而且通过应用知识于不同情境，能够培养学生的问题解决能力和创新思维。在设计练习题目时，教师需考虑题目的多样性和层次性，确保题目既能够覆盖基础知识点，也能够拓展学生的思维。

在选择题和填空题的设计中，教师可以围绕物理概念、原理和定律提出问题，应具有明确的选项或填空，以检验学生对概念的掌握程度。关于牛顿第二定律的问题可以设计为："一个物体受到的净外力为 10N，若该物体的质量为 2kg，根据牛顿第二定律，其加速度应为多少 m/s²?"学生需要应用公式 $a = \dfrac{F}{m}$ 来计算加速度 a。

计算题要求学生运用物理公式和原理解决具体问题，能够锻炼学生的计算能力和应用能力，比如："在一个光滑的水平面上，一个质量为 0.5kg 的滑块受到一个水平拉力，若拉力为 5N，求滑块 10s 内发生的位移。"学生需要使用运动学公式 $s = \dfrac{1}{2}at^2$ 来求解位移 s。

开放性问题则更加注重学生的创造性和批判性思维，通常没有固定答案，要求学生提出自己的见解和解决方案，教师提出问题："在一个密闭容器内，如果将气体加热，容器内的压力会发生什么变化？请解释原因并设计一个实验来验证你的观点。"

在讲解了理想气体状态方程 $PV = nRT$ 之后，教师设计练习题来巩固学生的理解，题目包括计算在特定温度和压力下的理想气体体积，或者分析温度和压力变化对气体体积的影响。例如"一个理想气体的初始状态为 $P_1 = 1$ 大气压，$V_1 = 2\text{m}^3$，温度 $T_1 = 273\text{K}$。如果气体经历一个等压过程，温度升高到 $T_2 = 373\text{K}$，求气体的最终体积 V_2，学生需要使用理想气体状态方程来计算最终体积。

4. 反馈评价

通过及时有效的反馈，教师能够帮助学生发现和纠正错误，巩固正确的学习方法和策略。教师通过多种方式进行反馈评价，包括课堂小测、作业评改和讨论反馈，以确保全面了解学生的学习情况和掌握程度，从而精确调整教学策略和内容设置，以达到更好的教学效果。

教师通过课堂小测来快速了解学生对刚刚学习的知识点的掌握情况，在讲解完电路的基本原理后，设计一份简短的小测验，涵盖电路中常见的串联、并联电路问题。如表1-16所示，列出涉及的小测验题型及其设计要求。

表1-16　电路基础知识小测验设计

题型	设计要求
计算题	计算给定电阻串联电路的总电阻
分析题	分析并说明并联电路中电流分布的原理
实验操作题	通过电流表和电压表实验测量并计算电路中的电流和电压

教师在批改作业时，可以详细标注学生的错误，并提供具体的改进建议，例如，学生在电路设计实验中出现电路连接错误或电压计算不准确的问题。教师通过作业批改，针对性地指出问题所在，并建议学生通过重新实验或查阅资料来改正错误。教师通过讨论反馈环节，鼓励学生分享他们在学习过程中遇到的困难和解决方法。学生可以在小组讨论中互相交流实验结果，并归纳出共同的错误模式和解决方案。教师通过引导讨论，帮助学生更深入地理解物理概念，并培养团队合作和解决问题的能力。

二、物理教学的原则

1. 科学性原则

物理教学的科学性原则要求教学内容和过程严格遵循科学理论和现代物理学知识体系，确保所传授的知识和方法符合科学规律和事实。教师在教学中应依据科学教学大纲和课程标准，确定教学内容的层次和深度，确保学生掌握的物理知识能够体现科学性原则的严谨性和准确性。

具体来说，物理教学包括：第一，教学内容的选择应基于最新的物理学研究成果和科学理论，确保所传授的知识具有前沿性和科学性。在讲授电磁学时，引用最新的研究数据和实验结果，帮助学生理解电磁波的传播和应用。第二，教学方法应注重实验和实践，通过实验数据和现象的观察，培养学生的科学思维和实验能力。在讲授牛顿运动定律时，通过自由落体实验和斜面实验，让学生亲自体验和验证物理规律的正确性。第三，教学过程中应注重逻辑推理和数学表达，通过公式和方程的推导，帮助学生理解物理现象的本质。第四，教学中注重案例分析和实际应用，通过具体的物理现象和工程案例，帮助学生将理论知识应用于实际问题的解决，在讲授光学时，通过分析光纤通信和激光技术的应用案例，帮助学生理解光的传播和应用原理。第五，教学评价应注重学生的综合能力，通过实验报告、数据分析和问题解决等多种形式，全面评估学生的学习效果和能力发展。

2. 系统性原则

系统性原则在物理教学中强调了对物理学知识体系的全面把握和有序传递，该原则下，教学内容的安排需体现出物理学概念的层次性和发展性，确保学生能够按照逻辑顺序逐步构建起完整的物理知识框架。在力学教学中，教师从牛顿运动定律的基础概念出发，通过一系列精心设计的实验和问题，引导学生理解力与运动之间的关系，并逐步深入动量守恒、能量守恒等更高级的概念。

在具体的教学实践中，教师可以利用表格来组织教学内容，清晰展示不同概念之间的联系和递进关系。通过表格展示牛顿三大定律的公式、条件和应用场景，帮助学生系统记忆和理解。同时，教师应运用公式和图表来阐释物理概念的数学表达，如使用 $F = qE$ 来描述电场对电荷的作用力，通过图表展示不同电荷在电场中的运动轨迹。

在讲解电磁学时，教师通过设计一个关于电磁感应的教学案例，从法拉第电磁感应定律的介绍开始，通过实验演示线圈中感应电动势的产生，进而引导学生探讨感应电流的方向和大小。通过案例，学生不仅能够理解电磁感应的基本原理，还能够学习到如何将理论应用于实际问题的解决。为了确保教学内容的连贯性，教师在设计教学活动时，需要考虑到学生的认知发展水平和先验知识。通过对学生进行前测，教师了解到学生对相关概念的掌握程度，根据学生的实际水平，合理安排教学进度和难度。对于基础较弱的学生，教师从简单的物理现象和概念开始，通过直观的实验和形象的比喻，帮助学生建立起对物理现象的基本认识；而对于基础较好的学生，则可以设计更具挑战性的问题和实验，促进学生进行深入地探究和思考。系统性原则还要求教师在教学过程中注重学生能力的培养，通过设计不同层次的练习题和项目，培养学生的计算能力、实验操作能力和科学探究能力。

3. 主体性原则

主体性原则强调把学生作为学习过程的中心，其主动性、创造性和批判性思维应得到充分发展和尊重。在此原则下，教师的角色转变为学习引导者而非知识的唯一传递者，教学活动的设计以促进学生的自主探究和意义构建为核心。

在讲解热力学第一定律时，通过实验来展示能量守恒的概念，测量不同质量的水在电热器中从初始温度升高到某一特定温度所需的能量。通过公式 $Q = mc\Delta T$（其中 Q 是热量，m 是质量，c 是比热容，ΔT 是温度变化），学生计算出水吸收的热量，并观察到能量在系统中的转移和转化，从而深入理解能量守恒定律。

在教学设计中，教师利用表格来记录和比较不同实验条件下的数据，如水温的初始温度、最终温度、所用加热时间以及消耗的电能，进而引导学生分析数据，归纳总结出热力学第一定律的普适性。通过设计问题情境，如讨论在不同气压下水的沸点变化，激发学生的好奇心和探究欲，促使他们主动寻找答案，培养批判性思维。

在教学案例的构建上，采用麦克斯韦方程组来阐述电磁场理论，通过设计实验，如使用线圈和磁铁产生感应电流，教师让学生观察到电磁场的相互作用，并引导使用麦克斯韦方程组来分析和预测实验现象。通过此方式，学生不仅能够理解电磁场的基本规律，还能够学会如何运用这些规律解决实际问题。

为了促进学生的主体性发展，教师应设计开放性问题和研究项目，鼓励学生提出自己的假设，并通过实验或文献研究来验证。例如，在探究光电效应时，教师可以让学生通过实验测量不同频率光照射下电子的动能，并使用爱因斯坦的光电效应方程 $E_k = h\nu - w_o$（其中 E_k 是光电子的最大动能，h 是普朗克常数，ν 是入射光的频率，w_o 是逸出功）来分析数据，从而深入理解光的粒子性。

三、物理教学的常用方法

1. 讲授法

讲授法，作为一种历史悠久的教学方法，侧重于教师通过口头讲解将知识系统地传授给学生，尤其适合于概念的传授、理论的阐释以及知识体系的构建。在物理教学中，此方法能够有效地帮助学生建立起对物理现象的基本认识，深入理解物理概念和定律的内涵。

为了确保讲授法的有效性，教师需具备深厚的专业知识储备和出色的表达技巧，在设计教学流程时，教师应明确教学目标，合理安排教学内容，确保教学活动与学生的认知发展阶段相匹配。根据布鲁姆的认知领域教育目标分类，教师可以将教学目标分为知识、理解、应用、分析、综合和评价六个层次，并据此设计不同深度的教学内容。在实施讲授法时，教师应使用清晰、准确的语言，避免使用行业术语或复杂的概念，以免造成学生的困惑。同时，适当的教学媒体辅助，如多媒体课件、图表、动画等，既增强了教学的直观性和生动性，也提高了学生的学习兴趣。

为了提高教学的互动性和学生的参与度，讲授法可以与其他教学方法相结合。例如，在讲授完一个新的物理概念后，教师可以安排小组讨论，让学生分享自己的理解，或者提出问题引导学生进行思考，不仅能够巩固学生的知识，还能够培养他们的批判性思维和沟通能力。

2. 演示法

通过教师展示实物、模型或实验过程，直观地展示物理现象，有助于学生深化对物理概念的理解。当展示简谐振动实验时，通过调节振动器的频率和振幅，可以观察到振动系统的运动特征，如表 1-17 所示。

表 1-17　振动频率和振幅的关系

频率（Hz）	振幅
5	1.2
10	2.5

续表

频率（Hz）	振幅
15	3.8
20	5.0

通过上述数据可以计算出简谐振动的周期 T 和振动频率 f 的关系。根据公式 $T = \dfrac{1}{f}$，可以得到不同频率下的振动周期，如表 1-18 所示。

表 1-18　振动频率和周期的关系

频率（Hz）	周期
5	0.2
10	0.1
15	0.067
20	0.05

3. 探究法

探究法通过引导学生主动参与知识的发现过程，不仅能够激发学生的内在动机，还能有效培养他们的科学探究能力和批判性思维。为了成功实施探究法，教师需要精心设计教学活动，创设一个开放且充满挑战的学习环境，包括提供必要的实验材料、工具和学习资源，确保学生能够在安全的前提下进行实验操作。在探究活动开始之前，教师应明确提出探究目标，并通过问题引导学生思考，例如："电阻的变化如何影响电路中的电流？"或"在给定电压下，电流与电阻之间的定量关系是什么？"。

在探究过程中，教师应鼓励学生提出自己的假设，设计实验方案，并独立进行实验操作。在实验过程中，教师可以提供适时的指导，帮助学生解决遇到的问题，但应避免直接给出答案，让学生在探索中自主学习。例如，学生在探究影响平行电容大小的因素时，教师应引导学生考虑电容值与极板面积和极板间距的关系，从而设计实验验证 $C = \dfrac{\varepsilon A}{d}$。

四、物理教学的创新方法

1. 以问题为导向，引导学生思考

问题导向的教学方法是一种以学生为主体、问题为起点的教学模式，强调学生在教师的引导下，通过提出问题、分析问题和解决问题来获取知识。在物理教学中，如"如何测量不规则物体的体积？"通过教师指导学生利用物理学原理和公式，实验操作来寻找答案。为了实施问题导向的教学方法，教师需确保问题具有启发性和探究性，同时提供必要的学习资源，如科学文献、实验设备等，并在学生探究过程中提供适时的指导和帮助。问题导向的教学方法强调自主学习和合作学习，通过小组讨论和协作完成任务，使学生在解决实际问题的过程中理解和应用物理学原理。问题导向的教学方法不仅能够培养学生的独立思考能力和批判性思维，还能提高学生的动手操作能力和实验技能。在具体实施中，教师需提出富有挑战性的问题，如"如何测量不规则物体的体积？"学生通过查阅文献和资料，了解测量不规则物体体积的方法，并设计实验方案。常见的方法包括排水法和几何法，排水法利用阿基米德原理，通过测量排出的液体体积来计算不规则物体的体积；几何法则通过分割不规则物体为规则几何物体，并计算各部分体积后进行累加。在实验过程中，学生需要使用各种实验设备，如量筒、天平、水槽等，并记录实验数据，通过数据分析得出结论。为了更好地理解和应用物理学原理，学生可以利用公式和表格进行计算和分析。例如，使用排水法测量不规则物体体积时，可以使用公式 $V = V_2 - V_1$，其中 V 表示不规则物体的体积，V_2 表示加入不规则物体后的水体积，V_1 表示未加入物体前的水体积。通过记录实验数据，学生可以制作数据表格，方便进行对比和分析。在问题导向的教学过程中，教师应鼓励学生进行批判性思维，对已有的解决方案进行评估和改进，通过改变实验条件或采用不同的方法进行重复实验，以验证结果的准确性和可靠性。此外，教师还应引导学生进行反思和总结，探讨实验过程中遇到的问题和解决方案，并撰写实验报告，阐述实验目的、方法、数据、结果和结论。

2. 促进学生间的交流与合作

合作学习其核心在于通过学生之间的互动和协作，提升学习效果和知识掌握度，通过小组讨论、角色扮演和共同完成任务等方式，合作学习促进学生之间的知识共享和思维碰撞。在物理教学中，教师组织学生进行小组合作，共同解决物理问题或完成物理实验，以提高学生的综合能力和实践水平。合作学习的有效实施需要教师合理分组，确保每个小组成员都能积极参与并发挥自己的特长。教师应明确小组合作的目标和任务，提供清晰的指导和评价标准。同时，教师还应鼓励学生进行有效的沟通和协作，培养团队精神和领导能力。

在研究电路的基本组成和工作原理时，教师可以将学生分成若干小组，每组设计并搭建一个简单的电路系统。小组成员需要共同讨论电路的设计、分配任务，并协作完成电路的搭建和测试。为了确保每个学生都能在合作学习中有所收获，教师应设计具体的任务表格和实验记录表，如表 1-19 所示，列出每个小组成员的具体任务，如电路设计、元件选择、搭建电路、测试电路和记录结果等。

表 1-19　小组任务分配情况

小组成员	任务
学生 A	电路设计
学生 B	元件选择
学生 C	搭建电路
学生 D	测试电路
学生 E	记录结果

在实验过程中，学生需要使用多种实验设备，如电源、导线、电阻、灯泡、开关等，通过实际操作加深对电路知识的理解。具体来说，学生可以利用欧姆定律进行电路设计和测试，确定电路中各个元件的参数。例如，设计一个简单的串联电路，包含电源、电阻和灯泡，通过测量电压和电流，计算电阻值，并验证欧姆定律的正确性，可以建立一个数据表，如表 1-20 所示，方便进

行数据分析和结果展示。

表 1-20 电路实验数据

测量次数	电压（V）	电流（A）	电阻（Ω）
1	5	0.5	10
2	10	1	10
3	15	1.5	10

在合作学习的过程中，教师的角色不仅是知识的传授者，更是学习的引导者和促进者，通过合理的任务分配和指导，确保每个学生都参与其中并从中受益。教师还可以利用多种评价方式，如自评、互评和教师评，综合评价学生的表现和学习成果，促进学生的全面发展。教师可以设计一个评价表，如表 1-21 所示，从任务完成情况、合作态度、沟通能力和实验报告等方面进行综合评价。

表 1-21 小组合作学习评价

单位：分

评价项目	评分标准	学生评分	互评评分	教师评分	综合评分
任务完成情况	及时完成任务且准确	9	8	10	9
合作态度	积极参与小组讨论与合作	8	9	9	8.7
沟通能力	有效沟通，表达清晰	9	9	8	8.7
实验报告	实验数据准确，分析全面	9	9	10	9.3

3. 利用信息技术，改变教学流程

在具体教学过程中，教师可以利用信息技术工具展示物理现象和理论的动态变化，例如在教授电磁学时，教师可以利用计算机软件展示电磁场的分布和变化，让学生直观地理解电磁感应和麦克斯韦方程组。通过计算机模拟，学生可以进行参数调整和实验操作，探索不同条件下的电磁现象，从而加深对电磁学原理的理解（见表 1-22）。例如，利用计算机软件模拟电磁场的变化，可以展示电场和磁场随时间的变化过程，让学生直观地看到电磁波的传播过程，从而理解麦克斯韦方程组的应用。

表1-22　虚拟实验任务

实验任务	操作步骤	参数调整
电场分布模拟	设置电荷位置和数量	调整电荷量和位置
磁场分布模拟	设置电流方向和大小	调整电流强度
电磁感应实验	设置磁场变化	调整磁场变化速率

通过虚拟实验，学生可以在计算机上完成各种物理实验，记录实验数据（见表1-23）并进行数据分析。在电磁感应实验中，学生通过调整磁场变化速率，观察感应电流的变化情况，并使用公式 $E = -\dfrac{\mathrm{d}\varPhi}{\mathrm{d}t}$ 进行计算和验证。其中，E 表示感应电动势，$\varPhi$ 表示磁通量。

表1-23　电磁感应实验数据

磁场变化速率（T/s）	感应电动势（V）
0.1	0.05
0.2	0.1
0.3	0.15

利用大数据技术对学生在线学习数据进行分析，能够了解学生的学习进度和学习效果，及时调整教学策略、提高教学效果。教师通过数据分析软件生成学生学习行为数据表（见表1-24），展示学生的学习时间分布、习题完成情况和学习效果评分等，帮助教师全面了解学生的学习状况。

表1-24　学生学习行为数据

学生	学习时间分布（h）	习题完成情况（%）	学习效果评分（满分100分）
学生A	10	90	85
学生B	8	80	75
学生C	12	95	90

通过数据，教师可以针对性地进行辅导和帮助，从而提高教学效果，信

息技术在物理教学中的应用不仅限于虚拟实验和大数据分析，通过增强现实（Augmented Reality，AR）和虚拟现实（Virtual Reality，VR）技术，提供沉浸式学习体验，学生通过 AR 技术观察物理现象的三维模型，如电磁场的三维分布、波动传播等，从而直观地理解物理概念和原理。

第二章　物理课程资源的教学设计

第一节　物理课程资源及其分类

一、教材与教辅

1. 教科书的选择与使用

教科书的选择和使用在中职物理教学中起着至关重要的作用，需根据中职学生的认知特点和职业需求进行合理选择，确保内容的科学性、系统性和适宜性。《中等职业学校物理课程标准》（2020 年版）明确指出，教科书应包含基础模块和拓展模块，以适应不同专业学生的需要。基础模块注重物理概念和规律的传授，例如牛顿三大定律、能量守恒定律等，通过系统的理论讲解帮助学生奠定坚实的物理基础。而拓展模块则侧重于物理知识在专业领域的应用，例如机械原理在机械工程中的应用、电磁理论在电子工程中的应用等。

教学过程中教科书的使用应注重与学生实际相结合，在讲解电学部分时，通过"家用电器的工作原理"来引导学生理解电路的基本概念和欧姆定律，并通过实验操作，如测量电阻、电流和电压等，来巩固所学知识。教师可以设计实验任务表（见表 2-1），列出具体实验任务和操作步骤，学生根据任务表进行实验操作并记录数据。

表 2-1 电学实验任务

实验任务	操作步骤	数据记录
测量电阻	使用万用表测量不同电阻	记录电阻值
测量电流	使用安培计测量电流	记录电流值
测量电压	使用伏特计测量电压	记录电压值

教科书内容的科学性和系统性还体现在对物理现象的解释和物理规律的推导上，在讲解能量守恒定律时，通过物理公式 $E = mc^2$ 解释质能方程，并通过实际案例，如核能的应用来说明能量转换和守恒的原理。教科书应注重适宜性，内容难度应符合中职学生的认知水平。在讲解波动学时，通过简单的实验，如波动在水槽中的传播来帮助学生理解波动的基本概念，而对于较为复杂的内容，如量子力学的基础理论，适当简化讲解，避免学生产生畏难情绪。教师可以利用多媒体教学手段，如动画演示和模拟实验，帮助学生直观地理解复杂的物理现象和抽象的物理概念。

教科书的选择和使用不仅要考虑内容的科学性和系统性，还要注重与学生的职业需求相结合，对于机械类专业的学生，应增加力学和材料科学方面的内容，通过"桥梁的设计和受力分析"来引导学生理解力学原理，并通过操作，如"材料的抗压强度测试"来提高学生的实践能力和专业技能。对于电子类专业的学生，应增加电磁学和电子技术方面的内容，如"电动机的工作原理"来引导学生理解电磁原理，并通过操作如"电路设计与测试"来提高学生的动手能力和创新意识。

2. 教辅材料的分类与应用

根据《中等职业学校物理课程标准》（2020 年版），教辅材料的分类与应用应紧密结合教学内容和学生的专业特点进行设计。

习题集通过提供多样化的练习题目，帮助学生巩固和应用所学知识，习题集的设计应遵循由浅入深、循序渐进的原则，题目类型应涵盖基础题、提高题和拓展题，以适应不同能力层次学生的需求。对于基础模块中的力学部分，习题集可以包含牛顿运动定律的应用题，使学生通过计算加速度、力的关系，从而加深对定律的理解。实验指导书为学生提供实验目的、原理、步骤、注意事项和数据处理等详细指导，确保学生能够在实验中达到预期的学习效果。以"测量物体的速度和加速度"实验为例，实验指导书应详细说明使用打点计时器的步骤，包括如何安装、调整和读取数据，以及如何利用公式 $u = \dfrac{x}{t}$ 计算速度和加速度。参考手册则为学生提供了物理概念、公式、常数和科学史等基础知识的快速查阅途径。通常以条目或图表的形式呈现，便于学生在学习和复习过程中随时查阅。参考手册可以列出国际单位制中力学的基本单位，如千克（kg）表示质量，米每二次方秒（m/s^2）表示加速度。教辅材料还应包括案例分析和实践活动指南，以培养学生的应用能力和创新思维。案例分析可以选取与学生专业相关的实际问题，如建筑类专业的学生可以分析建筑物的力学稳定性问题。实践活动指南则可以指导学生如何进行科学探究，包括提出问题、设计实验、收集数据、分析结果和撰写报告等环节。

3. 教学参考书的评估与推荐

教学参考书在中职物理教学中不仅为教师提供了丰富的教学方法指导，还拓展了教师的学科知识视野，并链接了各种教学资源，教学参考书的评估与推荐应遵循科学性、适用性和时代性原则。

在评估教学参考书时，应考虑其内容的准确性和先进性，准确性体现在参考书中物理概念、原理和规律的表述是否与当前科学认知相符，对于电磁学部分，应确保麦克斯韦方程组的表述与现代物理学一致；先进性则要求参考书能够反映物理学的最新研究成果，如量子物理和相对论在现代技术中的应用。参考书应提供具体的教学策略和活动设计，帮助教师将理论知识转化为学生的实际能力，参考书可以提供基于项目的学习的指导，包括如何设计项目、评估标准和学生反馈机制。

教师在参与教学参考书的评估工作中，应基于自身教学经验和学生学习效果，提出具体、操作性强的改进建议，涉及教学内容的更新、教学方法的创新以及学生评估方式的优化。例如，教师可以建议增加更多与学生专业相关的案例分析，以提高教学的针对性和有效性。教育行政部门和教研机构在建立教学参考书推荐机制时，应综合考虑教师的评估结果、学生学习需求和行业发展动态。推荐的参考书应涵盖不同教学风格和学习需求，如提供针对不同学习风格的教学策略，或者为不同专业领域的学生提供特定的物理应用知识。

为了促进教学参考书的不断更新和完善，可以建立一个动态的反馈和修订机制，鼓励教师、学生和其他教育工作者积极参与，通过定期的调查问卷、教学研讨会和在线论坛等方式，收集各方意见和建议。教学参考书的推荐还应考虑到不同地区和学校的实际情况。例如，城市和农村地区在教学资源及学生背景上存在差异，推荐的参考书应能够满足差异性需求。

二、实验器材

1. 实验设备的采购与维护

实验设备的选购需严格遵循国家标准和课程要求，全面考量设备的性能参数、品牌信誉、售后服务及性价比等多个维度。在电学实验设备的选择上，应优先考虑具备电流、电压、功率等多功能显示的综合实验仪表，其测量精度需达到±0.5%以内，以确保实验数据的准确性和可靠性。

在实验设备的维护管理方面，建立详尽的设备档案是基础工作，档案中应包含设备型号、采购时间、使用频率、维护历史等关键信息。通过数据，对设备的使用状况和维护需求进行有效跟踪，对于那些使用频率较高的设备，如电子天平、秒表、万用表等，建议每学期至少进行一次全面检查和校准。对于光学实验设备，镜头的清洁和光路的校准是维护工作的重中之重，以确保光学实验的准确性。除了日常的维护工作还应建立设备故障的快速响应机制，一旦发现设备异常，应立即记录故障现象并报告给专业维修人员，以便及时进行维修。这种快速响应机制不仅能够缩短设备停机时间，也有助于降低因设备故障带来的教学风险。

在《中等职业学校物理课程标准》（2020年版）中，对学生实验的器材配置有明确的建议，对于测量运动物体速度和加速度的实验，建议配备打点计时器、低压电源、带滑轮的长木板等设备，每套设备均需满足特定的教学需求，对于电学实验，建议配备多用表、直流电源、电阻箱等设备，以支持学生进行电阻定律、全电路欧姆定律等实验项目。为了进一步提升实验教学的质量和效果，教师在实验设计时需充分考虑设备的使用效率和教学目标的实现。通过精心设计的实验方案，引导学生深入理解物理概念，培养其实验操作技能和科学探究能力。同时，教师还应不断更新教学方法，将现代信息技术与物理实验教学相结合，如利用虚拟实验软件进行实验模拟，以增强学生的实验体验。

2. 实验材料的管理与分配

实验材料应按照类别和用途进行细致分类，如电学、力学、光学等，并为每类材料制定统一的编号系统，以实现高效的存储和检索，实验材料的库存管理系统需实时更新，记录材料的领用、归还和库存状态，确保数据的准确性。

在材料分配方面，应依据实验项目要求和学生人数进行合理分配，确保每位学生都能获得必要的材料支持。比如在电学实验中，每组学生应配备一套完整的电学实验材料，包括直流电源、多用表、电阻、导线等，以满足"基础模块"中电阻定律、全电路欧姆定律等实验项目的需求。

在实验材料的采购方面，应根据教学需求和课程标准进行合理规划，确保材料的质量和性能满足实验要求，同时，考虑到成本效益，通过市场调研和成本分析，选择性价比高的材料供应商。采购过程中，注重材料的环保性和安全性，避免使用对环境和人体有害的材料。实验材料的管理包括对材料使用情况的监控和评估，通过定期的库存盘点和使用记录分析，可以及时发现材料使用中的问题和不足，为教学活动的调整和优化提供依据。教师应根据实验教学的反馈，不断优化材料分配方案，以适应不同学生的学习需求和特点。

为了更有效地管理实验材料，需要建立材料管理数据库，记录材料的采购日期、规格型号、数量、存储位置、领用记录和回收状态等信息。通过数据库管理，可以实时监控材料的状态，预警材料的短缺，合理安排采购计划。实验材料的管理制度还应包括定期的库存盘点，以确保记录的准确性和材料的实际可用性。盘点过程中，如发现材料数量与记录不符，应及时调查原因并进行调整。可设表管理，如表2-2所示。

表 2-2 实验材料管理

材料类型	规格型号	采购数量	存储位置	领用记录	回收状态	备注
电阻	10Ω, 1/4W	100	存储柜1	日期/人	完好/待检	适用于基础电路实验
电容	100μF, 16V	80	存储柜2	日期/人	完好/待检	适用于滤波电路实验
电感	10mH, 20mH	60	存储柜3	日期/人	完好/待检	适用于电磁学实验

3. 实验室的安全管理规范

实验室的安全管理确保了师生安全及实验教学的顺畅进行，为实现实验室安全管理的规范化和科学化，需构建一个全面的安全管理体系，该体系的首要任务是制定一套详尽的实验室安全管理制度，包括明确安全责任人、界定安全职责、规定安全操作规程及制定应急处理预案。例如，在涉及高压电源操作的电学实验中，制度中应明确规定学生必须在专业教师的监督下进行操作，严禁任何未经授权的独立操作行为。

实验室安全教育和培训是提高师生安全意识和应急处理能力的有效手段，通过定期举办安全知识讲座、安全操作演示和安全演练等活动，师生可以掌握必要的安全知识和技能。通过模拟火灾发生时的情景，进行实验室火灾应急演练，可以增强师生的逃生和灭火实际操作能力。实验室必须装备必要的安全设施，包括消防器材、急救箱、安全喷淋装置等，并确保设施处于随时可用的状态。定期对设施进行检查和维护，是保障实验室安全的基本要求。实验室应设置清晰的安全标识和警示牌，以提醒师生注意潜在的安全风险。在高压电源、强酸强碱试剂等潜在危险区域，应设置醒目的警示标识，明确指出危险性质和安全防护措施。

实验室的物理环境同样需要严格管理，确保实验室内通风良好，避免有害气体的积聚；确保实验室内的电气设备符合安全标准，避免电气火灾的发生；实验室应配备适当的个人防护装备，如实验服、安全眼镜、手套等，并确保师生在进行实验操作时正确佩戴。实验室安全管理的检查清单如表2-3所示。

表 2-3　实验室安全管理的检查清单

安全管理项目	检查内容	检查周期	检查标准	责任人
安全操作规程	绝缘保护、化学试剂使用规范	每学期初	符合国家和学校安全标准	实验教师
应急预案	应急处理流程、责任人明确	每学期修订	覆盖所有可能的安全事故类型	安全管理员
安全教育培训	知识讲解、操作演示、事故模拟演练	每学期至少一次	学生和教师均能掌握必要的安全技能	实验教师
环境管理	通风、照明、消防设施检查	每月检查	设施完好，符合安全使用要求	实验室管理员

三、数字资源

1. 数字课件的制作与利用

数字课件是将传统教学内容通过数字化手段呈现的教学工具，通过集成文本、图像、声音、动画等多媒体元素，增强教学内容的直观性和互动性。在讲解力学原理时，利用动画展示力的作用效果，通过交互式组件允许学生调整力的大小和方向，观察不同条件下物体的运动状态。具体来说，在力学章节中，利用牛顿运动定律来解释物体受力分析时，通过动画展示不同大小和方向的力如何影响物体的运动轨迹，如通过 Phet 模拟器来展示自由落体和抛体运动，进而帮助学生理解力和运动之间的关系。在波动和光学章节中，通过动画演示光波的传播、干涉和衍射现象，并通过调整波长、频率等参数，观察变化对波动行为的影响，进而理解波动方程 $y = A\sin(\omega t - kx)$ 的实际应用。此外，数字课件应考虑到不同学生的学习需求，设计不同层次的教学活动，以适应不同认知水平的学生。通过嵌入自测题和反馈机制，帮助学生在学习过程中进行自我评估和调整，在学习电磁学内容时，利用仿真软件展示电场、磁场的分布和变化，学生通过调节电荷量、距离等参数，观察场强公式 $E = \dfrac{k|Q|}{r^2}$ 和 $B = \dfrac{\mu_0 I}{2\pi r}$ 的动态变化。对于复杂的物理实验，如电子元件的电路分析，可以利用 Multisim 等仿真软件，帮助学生搭建和调试电路，观察电压、

电流的变化，并记录实验数据，通过基尔霍夫定律公式 $I_1 + I_2 = I_3$，$R_总 = R_1 + R_2 + R_3$ 计算实际电路的各项参数，帮助学生理解电路原理。数字课件的设计还应注重提高学生的自主学习能力和探究能力，通过设定问题情境，引导学生独立思考和解决问题，例如在讲解热学部分时，利用分子动力学模拟展示气体分子的运动状态和温度变化，并通过实验数据表格记录不同温度下的压强变化，帮助学生理解方程 $PV = nRT$。课件结合虚拟实验室，提供学生在线操作实验设备的机会，如在学习热力学第二定律时，通过虚拟实验观察 Carnot 循环的效率变化，并计算 $\dfrac{Q_1}{Q_2} = 1 - \dfrac{T_2}{T_1}$，帮助学生理解热机的工作原理。通过多层次、多角度的教学设计，数字课件不仅能满足教学大纲的基本要求，还能提供更丰富的教学资源、激发学生的学习兴趣、提高教学效果。在不同物理章节中，利用数字课件进行教学设计，其中涵盖了力学、电磁学、热学等核心内容，每个示例都包含了具体的教学目标、互动组件设计和实验数据记录方式，如表 2-4 所示。通过动画演示电场强度的变化情况，并结合实验数据记录，帮助学生理解库仑定律 $F = \dfrac{k|Q_1 Q_2|}{r^2}$ 的实际应用。

表 2-4 不同物理章节中利用数字课件的教学设计

章节	教学目标	互动组件设计	实验数据记录方式
力学	理解力与运动的关系	动画演示力的作用效果，交互式调整力的大小和方向	不同斜坡角度下的加速度变化表，Excel 图表展示
波动和光学	了解光波的传播、干涉和衍射现象	动画演示光波行为，调整波长、频率观察变化	不同条件下的波动行为记录表，波动方程应用
电磁学	掌握电场、磁场的分布和变化	仿真软件展示电场、磁场，调节电荷量、距离参数	电场强度和磁场强度的变化数据表，公式计算
热学	理解气体分子的运动状态和温度变化，热机工作原理	分子动力学模拟展示气体运动，虚拟实验观察 Carnot 循环	不同温度下的压强变化表，热力学方程和热机效率计算

2. 在线学习平台的选择与评估

在线学习平台为中职物理教学提供了灵活的学习时间和空间，通过网络平台集成课程资源、教学活动和评估工具，支持学生进行自主学习和协作学习。在选择在线学习平台时，应从功能性、易用性、稳定性和安全性等多个方面进行评估。平台应提供丰富的教学资源，如视频讲座、在线演示、讨论论坛等，并支持教师进行教学管理和学生学习跟踪。视频讲座内容应覆盖物理课程的各个章节，包括力学、电磁学、光学、热学等，并通过高质量的视频演示和动画解释复杂的物理现象和原理。在线演示功能应能够模拟物理实验，通过虚拟实验室让学生动手操作，观察实验现象并记录实验数据。

平台应支持教学管理功能，包括课程安排、作业布置和批改、考试安排和成绩记录等。教师通过平台发布课程安排表，明确每个章节的学习目标和内容，提供详细的学习指导。作业布置和批改功能应支持多种题型，如选择题、填空题、计算题和实验报告，系统自动批改选择题和填空题，并记录学生成绩。考试安排功能应支持在线测试，自动生成试卷，涵盖物理课程的各个知识点，并提供成绩分析报告，帮助教师了解学生的学习情况。平台的学习跟踪功能应记录学生的学习进度、作业完成情况和测试成绩，生成详细的学习报告，帮助教师进行针对性辅导。

平台的界面设计应简洁直观，确保学生能够快速上手并有效使用，界面应包括课程目录、学习资源、讨论区、作业和考试区等模块，布局合理，导航清晰。课程目录应按章节排列，每个章节下提供相应的视频讲座、在线演示、课件和习题。学习资源区应包含课件下载、参考资料、拓展阅读等，支持多种格式的文件，如 PDF、Word、PPT 等。讨论区应支持分类讨论，按课程章节或专题设置讨论板块，学生可以在相应板块发帖提问或参与讨论。作业和考试区应提供作业提交入口和考试入口，学生可以在线完成作业和测试，并查看批改结果和成绩分析。

评估在线学习平台时，依据平台的用户反馈、教学效果和技术支持等方面进行综合考量，用户反馈应包括学生和教师的评价，收集平台的优点和不足，通过问卷调查或在线评价系统获取真实的使用体验数据。教学效果评估通过学生的学习成绩、作业完成率和测试通过率等数据进行分析，比较使用平台前后的变化，判断平台对教学的支持程度。技术支持方面，应评估平台的稳定性和安全性，确保系统运行稳定，不易出现故障或数据丢失，同时应具备完善的数据加密和隐私保护机制，保障用户的信息安全。在线学习平台评估标准和具体内容如表2-5所示。

表2-5 在线学习平台评估标准和具体内容

标准	具体内容
功能性	提供视频讲座、在线演示、讨论论坛、作业布置和批改、考试安排和成绩记录等功能
易用性	界面简洁直观，操作便捷，导航清晰
稳定性	系统运行稳定，不易出现故障或数据丢失
安全性	数据加密和隐私保护机制完善，保障用户信息安全
用户反馈	学生和教师的评价，收集平台的优点和不足
教学效果	学生学习成绩、作业完成率和测试通过率等数据的分析
技术支持	提供及时有效的技术支持和维护服务，解决使用过程中遇到的问题

在线学习平台应通过多媒体和互动技术，提升学生的学习体验和理解能力，平台的视频讲座和在线演示应结合动画、图像和声音，生动展示物理现象和原理，在讲解电磁感应时，通过动画展示磁通量变化引起的感应电动势，并利用法拉第电磁感应定律 $E = -\dfrac{\mathrm{d}\varPhi_B}{\mathrm{d}t}$ 进行计算验证。平台还应提供实时反馈功能，学生在学习过程中遇到问题时，通过讨论区或在线客服及时获取帮助和指导，通过功能和设计，在线学习平台能够有效支持中职物理教学，满足教学大纲的要求，提升学生的学习效果和自主学习能力。

3. 虚拟实验软件的开发与应用

虚拟实验软件通过模拟真实的实验环境，允许学生在计算机上进行实验操作和数据分析，尤其适用于那些成本高、风险大或难以实现的实验项目。开发虚拟实验软件时，需要精准模拟实验器材的物理特性和实验过程的逻辑关系，确保软件的操作真实性和结果准确性。在电学实验中，软件应能够精确模拟电路的搭建、仪器的读数和电路的调试等过程。通过虚拟电压表和电流表读取电路中的电压值和电流值，并利用欧姆定律 $V = IR$ 验证电阻值。虚拟实验软件可以提供多种电路元件，包括电阻、电容、感应线圈、开关等，学生可以通过拖拽组件搭建电路，并进行不同参数的调整，观察其对电路性能的影响。在研究串联和并联电路时，学生可以通过虚拟实验分别搭建这两种电路，记录各自的电压和电流分布，验证串联电路中的总电阻 $R_总 = R_1 + R_2 + \cdots + R_n$ 和并联电路中的总电阻 $\dfrac{1}{R_总} = \dfrac{1}{R_1} + \dfrac{1}{R_2} + \cdots + \dfrac{1}{R_n}$ 的计算结果。在力学实验中，虚拟实验软件可以模拟物体的运动过程，学生通过调整初始速度、加速度、作用力等参数，观察物体的运动轨迹和状态变化。利用虚拟实验软件可以进行自由落体实验，学生通过设置不同的高度，记录物体的下落时间，并根据公式 $h = \dfrac{1}{2}gt^2$ 计算重力加速度 g 的值。通过多次实验记录不同高度下的时间数据，从中得出 g 的平均值，提高实验数据的准确性和科学性。软件可以模拟碰撞实验，通过设置不同的质量和速度，观察碰撞前后动量和能量的变化，验证动量守恒定律和能量守恒定律。

在热学实验中，虚拟实验软件可以模拟气体实验，通过设置不同温度和压强，观察气体分子的运动状态，验证理想气体状态方程 $PV = nRT$。学生可以通过改变温度，记录气体体积的变化，绘制 PV 图，分析气体的等温过程、等压过程和等容过程，理解热力学第一定律和第二定律。软件提供虚拟温度计和压力计，学生可以精确读取实验数据，并进行详细的分析和计算。教师在应用虚拟实验软件时，设计基于问题的学习活动，引导学生通过实验探索物理规律，培养科学探究能力和批判性思维能力。在电磁学实验中，设置问题情境，如何通过调整电流和线圈匝数增加电磁铁的磁场强度，学生通过实验改变电流大小和线圈匝数，记录磁场强度变化，利用安培定律 $B = \dfrac{\mu_0 NI}{L}$ 进行计算和验证。

四、社会资源

1. 校外实践基地的选择与合作

在选择实践基地时，应全面考量其与物理教学内容的相关性、实践设施的完备性以及对学生职业技能培养的促进作用，校外实践基地选择和评估标准如表 2-6 所示。基地的选择应确保学生能够将课堂所学的物理理论知识应用到实际操作中，并通过实际操作深化对物理原理的理解。例如，与机械制造企业合作，为学生提供实际了解机械设计和制造中物理原理应用的机会，能够极大地促进他们对机械力学、电磁学等物理知识的掌握和应用。通过与机械制造企业合作，学生可以直接观察并参与机器的组装、调试和维护，了解力学原理在机械臂、传送带和加工机床中的具体应用，利用牛顿第三定律 $F_{作用} = -F_{反作用}$ 解释机械臂的操作力和反作用力。

表 2-6　校外实践基地选择和评估标准

标准	具体内容
教学相关性	基地的工作内容与物理教学内容的关联程度，例如力学、电磁学、热学等学科的应用
设施完备性	基地的实践设施是否完备，包括实验设备、生产线、检测仪器等，是否能满足学生的学习和操作需求
技能培养作用	基地对学生职业技能培养的促进作用，是否能提供实际操作机会，是否能提升学生的技术水平和实践能力
合作模式	学校与企业的合作方式，包括学生实习、教师企业实践、共同开发课程等
双方收益	学校和企业在合作中的收益，学校能否提升教学水平和学生就业率，企业能否培养符合需求的技术人才，提升竞争力
教学效果	学生在实践基地的学习效果评估，包括技能掌握情况、知识应用情况和职业素养提升情况
科研与创新	基地能否作为科研和技术创新的平台，学校和企业能否通过合作开展科研项目，推动技术进步和成果转化

　　合作模式可以多样化，包括学生实习、教师企业实践、共同开发课程等，学生实习可以安排在企业的不同部门，如生产车间、质检部门和研发部门，让学生了解生产流程、质量控制和技术创新。在实习过程中，应用物理知识解决实际问题，如通过测量和计算改进生产设备的性能，验证流体力学原理 $\eta = \dfrac{F}{A} \cdot \dfrac{L}{u}$ 在液压系统中的应用。教师企业实践则提升教师的实践技能和教学水平，教师在企业中学习最新的技术和工艺，带回课堂与学生分享，并结合

实际案例讲解物理知识的应用，增强教学的实用性和吸引力。共同开发课程是指学校与企业合作，针对企业的需求和行业发展，共同设计和编写教学内容，使课程内容更加贴近实际生产和职业要求。例如，开发一门关于工业机器人控制的课程，内容涵盖机器人动力学、电磁驱动和传感器应用，学生通过学习掌握机器人操作和维护技能，为未来就业打下坚实基础。

通过实践基地，学生能够在真实的生产环境中应用物理知识，了解物理原理在不同职业中的具体应用。在汽车制造厂，学生可以学习汽车的动力传输和制动系统，应用动能和势能转换的知识 $E_k = \frac{1}{2}mu^2$ 和 $E_p = mgh$，理解汽车在不同速度下的动能变化和刹车系统的工作原理。

实践基地的建立不仅能够提升学生的职业技能，还能促进学校与企业的深度合作，企业可以通过参与职业教育，培养符合自身需求的技术人才，提升企业的技术水平和竞争力。学校通过与企业的合作，获得最新的行业信息和技术支持，提高教育教学水平和学生的就业竞争力。实践基地作为科研和技术创新的平台，学校和企业共同开展科研项目，推动技术进步和成果转化。学校与企业合作开发新型材料，应用物理学中的固体物理和材料力学知识，研究材料的微观结构和力学性能，通过实验验证材料的弹性模量 $E = \frac{\sigma}{\varepsilon}$ 和剪切模量 $G = \frac{\tau}{\gamma}$。

2. 科学讲座与参观活动的组织

在组织活动时，应精心挑选与物理学科紧密相连的主题，如新能源技术、航空航天、新材料科学等前沿领域，不仅与学生的专业发展息息相关，而且能够反映出物理学在现代科技中的广泛应用。邀请行业专家举办讲座，为学生提供与一线科研及实践工作者直接对话的机会。专家的深入讲解和经验分享，能够帮助学生理解物理学理论在实际问题中的应用，从而加深对物理概念的理解和掌握。在讲解新能源技术时，引用能量转换效率公式 $\eta = \frac{P_{out}}{P_{in}}$ 来具体说明不同能源转换技术的效率问题，让学生认识到物理学在提高能源利用效率中的重要性。参观活动则为学生提供了一个直观感受科学技术应用的平台，通过实地考察科技馆、研究所或企业，可以近距离观察物理学原理在各种设备和产品中的应用。在参观航天企业时，向学生展示火箭推进系统的设计原理，解释牛顿运动定律在火箭发射中的应用；在科技馆中，通过各种互动展览，学生可以体验到力、热、电、光等物理现象，增强对物理规律的认识。

3. 科研机构与企业的资源共享

通过与科研机构和企业的合作，学校能够充分利用外部资源，丰富教学内容，提升学生的学习体验和实践能力。合作伙伴包括科研机构和企业，不仅提供最新的科研信息和实验设备，还为学生提供参与科研项目的机会，从而加强学生的理论学习与实际操作的结合。与超导材料研究所的合作可以使学生深入了解超导现象的基础理论和最新研究进展，超导材料在电磁学和材料科学中的应用日益广泛，通过参与相关研究项目，学生可以学习到超导材料的制备、测试及其在电磁场中的特性表现，不仅有助于学生理解物理学理论，还培养了在实验设计和数据分析方面的能力。与电子企业的合作为学生提供了参与电子产品设计与测试的实践机会。电子行业作为现代工业的重要组成部分，其产品设计和制造涉及物理学中的电磁学、半导体物理等基础理论。通过参与企业的实际项目，学生能够将学习到的物理知识应用到实际问题解决中，掌握电子产品的设计流程和测试技术，提升自身的实际操作能力和工作技能。

在利用社会资源进行教学设计时，需要确保资源的可获取性和教学目标的匹配度，教学设计应结合中等职业学校物理课程标准，明确教学目标和学习要求，通过合理的课程安排和活动设计，充分利用外部资源，确保教学内容的科学性和实用性。在设计课程时，根据学生的学习水平和职业发展方向选择合适的合作伙伴和项目，以确保学生能够在合作中获得实际的学习成果和技能提升。学校应积极与科研机构和企业建立稳定的合作关系，建立起持续的教学资源供应链，这不仅有利于教学活动的稳定进行，还能为学校带来持续的科研和实践机会，为中职物理教学提供持续的支持和发展空间。

第二节　物理课程资源在教学设计中的作用

一、丰富教学内容

1. 拓展物理知识的广度和深度

《中等职业学校物理课程标准》（2020 年版）明确指出，物理课程旨在帮助学生认识和理解物质世界的运动与变化规律，并发展科学素养。教学设计需要充分利用多样化的课程资源，拓展物理知识的广度和深度，从而培养学生的综合能力和科学素养。在教学过程中，教师通过设计能量转换实验，利用弹簧振子系统，演示势能和动能的相互转换，通过测量弹簧压缩量（x）和振子质量（m），计算势能 $E_p = 1/2kx^2$（其中 k 为弹簧常数），并利用速度测量动能 $E_k = mv^2/2$（其中 v 为速度），学生能够验证总能量的守恒，并进一步理解能量在不同形式之间的转换过程。

为了加深学生对物理概念的理解和应用能力，在讲解机械波的传播时，教师通过模拟实验和计算机仿真，展示波的传播速度、频率和波长的关系。利用波速公式 $v = f\lambda$（其中 v 为波速，f 为频率，λ 为波长），学生通过实验数据验证波动理论，并理解不同介质中波的传播特性。在操作中，教师利用实验仪器生成不同频率的波，测量其波长和传播速度，通过记录结果并进行分析比较，以帮助学生掌握机械波的基本性质和应用。

电磁场的相互作用通过设计电磁场实验，教师让学生观察和测量电场和磁场的相互作用。利用霍尔效应实验，学生测量电流通过导体时产生的横向电压，通过公式 $U_H = R_H IB/t$（其中 U_H 为霍尔电压，R_H 为霍尔系数，I 为电流，B 为磁场强度，t 为导体厚度），学生可以计算和分析不同条件下的霍尔电压变化，进一步理解电磁相互作用的本质。此外，利用电磁感应实验，验证法拉第电磁感应定律，通过改变磁通量 Φ，测量感应电动势 $E = -d\Phi/dt$（其中 $\Phi = BA\cos\theta$，B 为磁感应强度，A 为截面积，θ 为角度），理解电磁感应现象，并掌握其在实际中的应用。为了进一步提升教学效果，教师通过数据分析和评估，及时调整教学策略，通过学生的课堂参与度、实验数据记录和分析情况，评估学生对物理知识的掌握程度。通过考试成绩、实验报告等具体数据，分析学生的学习效果，并根据评估结果调整教学内容和方法，以实现教学目标的最佳效果。

2. 引入行业前沿技术与应用

电工电子类课程中，半导体器件的教学是一个很好的例子，二极管的工作原理通过其伏安特性曲线来展示，即 $I = I_s \left(e^{\frac{V}{nV_T}} - 1 \right)$，其中 I 是电流，I_s 是饱和电流，V 是电压，n 是理想因子，V_T 是热电压。通过实验观察二极管的正向导通和反向阻断特性，学生能直观地理解其在整流电路中的应用，通过讲解三极管的放大原理，掌握其在信号放大和电子开关中的应用。

在机械建筑类课程中，新型材料如高强度钢材和复合材料的应用被详细讨论，通过分析材料的应力–应变曲线，可以了解材料的弹性模量、屈服强度和抗拉强度等特性。现代信息技术如人工智能和物联网（IoT）在物理教学中的应用，为学生提供了更丰富的学习体验，通过使用传感器收集数据并利用计算机软件进行分析，学习到如何应用物理原理解决实际问题。在讲解电磁波理论时，引入无线通信技术，让学生了解电磁波的发射和接收原理，以及在现代通信中的应用。教学设计中，应当注重实践教学和项目教学相结合，通过设计制作简易电动机、太阳能电池板等项目，学生将理论知识应用于实际制作中，从而加深对物理概念的理解。在设计太阳能电池板项目时，让学生计算电池板的光电转换效率，使用公式 $\mu = \dfrac{P_{\text{out}}}{P_{\text{in}}}$，其中 μ 是效率，P_{out} 是输出功率，P_{in} 是输入功率。教学评价应当综合考虑学生的理论知识掌握和实践能力，通过实验报告、项目展示和实际操作测试等多种评价方式，全面考查学生的物理学科核心素养，通过实验误差分析，学习到如何提高实验精度，使用公式 $\sigma = \sqrt{\dfrac{\sum (x_i - \mu)^2}{N}}$ 来计算实验结果的标准偏差，其中 σ 是标准偏差，x_i 是单个测量值，μ 是平均值，N 是测量次数。

二、优化教学过程

1. 设计多样化的教学活动

（1）情境教学法的应用

情境教学法的应用，要求教师创建与学生日常生活紧密相关的物理情境，让学生在模拟或实际情境中应用物理知识。例如，在讲解电学时，可以模拟家庭电路的搭建，让学生通过实际操作来理解串联电路和并联电路的特点。通过使用具体的实验设备，如电阻、电源、开关和电表，学生可以测量不同电路元件的电流和电压值，记录数据并填写实验数据表，如表2-7所示。

表 2-7　电路实验数据记录

实验编号	电路类型	电阻值（Ω）	电流（A）	电压（V）	观察结果
1	串联	100	0.2	5	电流处处相等
2	并联	50	0.1	10	并联电压相等

（2）项目式学习（PBL）

项目式学习（PBL）通过让学生参与具有实际意义的项目，促进学生对知识的深入理解和综合应用。例如，在力学模块，设计一个"桥梁设计"项目，要求学生运用力学原理进行桥梁结构的设计和计算。学生需要测量不同材料的力学性质，如抗拉强度和抗压强度，并根据公式 $\sigma = \dfrac{F}{A}$ 计算应力，其中 σ 表示应力，F 表示作用力，A 表示受力面积。

（3）实验教学优化

实验教学的优化通过引入现代技术手段，如传感器和数据采集系统，来增强学生的实验体验。在热学实验中，设计一个关于热能转化效率的实验，学生通过测量不同热源（如电热器、太阳能集热器）的热输出，计算热能转化效率，并填写实验数据表，如表2-8所示。

表 2-8　不同热源的能量转换与效率对比分析

实验编号	热源类型	输入能量（J）	输出能量（J）	热效率（%）
1	电热器	1000	800	80
2	太阳能集热器	1500	1200	80

（4）跨学科综合教学

跨学科综合教学通过整合不同学科的知识，设计综合性的教学活动，提高学习的趣味性和综合性，在"能源与环境"主题下，结合物理学中的热力学和化学中的化学反应，设计关于生物燃料生产和利用的课程。学生通过实验测量不同生物燃料的热值，使用公式 $Q = m \cdot q$ 计算，其中 Q 表示释放的热量，m 表示燃料的质量，q 表示燃料的热值，并分析不同燃料对环境的影响。

2. 提高学生的学习兴趣和参与度

（1）启发式教学

启发式教学法通过设计贴近实际的问题情境，激发学生的好奇心和探索欲，引导学生主动思考和深入探究。在中职物理教学中，特别是在讲解力学平衡概念时，教师巧妙地提出与学生日常生活紧密相关的实际问题，例如提问"摩天轮在旋转时，为何座舱内的乘客不会坠落？"不仅能够吸引学生的注意力，还能够引导学生运用物理学原理来分析和解答。在解答过程中，教师引导学生进行受力分析，识别作用在座舱上的各种力，如重力、向心力和摩天轮结构对座舱的支撑力，学生能够理解在力的平衡条件下，即 $\sum F = 0$，座舱内的乘客所受的合外力为零，从而保持静止状态或匀速圆周运动，不会坠落。

启发式教学法还可以通过设计实验来进一步增强学生的学习体验，组织学生进行"悬挂物体的平衡"实验，让学生亲自动手，通过改变悬挂物体的质量和位置，观察并记录物体在不同受力情况下的平衡状态。通过实验数据的收集和分析，能够更加直观地理解力的平衡条件，并能够运用原理来解释和预测其他相关的物理现象。实验结束后，教师引导学生进行讨论和反思，鼓励学生提出自己的见解和疑问，并对实验结果进行解释，不仅能够促进学生之间的思想交流和知识共享，还能够帮助学生形成批判性思维，提高解决问题的能力。

（2）互动式教学

互动式教学通过增强师生之间以及学生之间的互动，有效提升课堂的活跃度和学生的参与感。在物理教学中，尤其是在探讨动量守恒定律时，设计小组竞赛活动，让学生在团队合作中应用动量守恒公式 $P_总 = p_1 + p_2 + \cdots + p_n$ 解决具体的物理问题。设计一个关于碰撞问题的小组竞赛，每个小组需要分析不同质量的物体在碰撞前后的动量变化，并计算碰撞过程中的能量转换。通过小组合作，学生能够相互讨论、交流想法，共同设计实验方案，进行实验操作，并分析实验结果。在小组竞赛的过程中，教师可以设置不同的评分标准，如实验设计创新性、数据分析准确性、团队合作效率等，以激励学生积极参与并追求卓越，同时，引导学生进行反思，思考在竞赛过程中遇到的挑战、采取的策略以及取得的成果，从而促进学生的自我学习和自我提升。

（3）结合实际应用

结合实际应用的教学方法通过将抽象的物理概念与具体的实践操作相结合，极大地增强了学生对物理知识实用性的认识和兴趣。在光学知识的教学中，教师通过安排学生走出课堂，实地参观光学实验室或光电企业，能够直接接触到光学元件的制造流程、检测方法和应用实例。

在参观过程中，学生可以观察到光学镜片的磨制、镀膜等工艺，了解不同类型光学仪器的工作原理，如显微镜、望远镜和光学传感器等。直观的体验帮助学生认识到光学知识在精密制造、医疗设备、通信技术等领域的广泛应用。通过观察光纤通信的工作原理，学生能够理解全反射条件在信息传输中的应用，从而加深对光的折射和全反射现象的理解。教师可与实验室或企业的专业技术人员合作，设计互动环节，让学生有机会亲手操作一些光学实验设备，进行简单的光学实验。例如，学生可以尝试调整光学仪器的参数，观察不同设置下的成像效果，或者参与光学元件的检测过程，了解光学性能指标的测量方法。在项目中，学生自主设计实验，探究光学元件的性能对成像质量的影响，或者研究不同光源条件下的光学现象。通过实践活动，将理论知识与实际操作相结合，培养科学探究能力和创新思维。同时，教师还可以利用多媒体教学资源，如 3D 动画和虚拟现实技术，来模拟光学元件的工作原理和光学现象的动态过程。视觉化的教学手段将进一步激发学生的学习兴趣，帮助学生形成直观、深刻的物理概念。

三、提升教学效果

1. 增强学生的实践能力和问题解决能力

实践能力是学生将理论知识应用于实际操作中的关键技能，物理课程资源的丰富性为其提供了广阔的平台。在热力学教学中，通过精心设计的实验，学生能够深入理解热能的转移和转换过程。通过测量不同物质在受热过程中温度的变化，计算出物质吸收的热量。实验中，学生使用精确的热量计和温度传感器，记录下物质从初始温度升高到某一特定温度所吸收的热量，然后应用公式 $Q = mc\Delta T$ 进行计算。此处，Q 代表吸收或释放的热量，单位为 J；m 为物质的质量，单位为 kg；c 为物质的比热容，单位为 J/（kg·℃）；ΔT 为温度变化，单位为℃。在光学领域，通过调整透镜的焦距来探究成像规律，锻炼学生的实验技能，并提高分析问题和设计实验方案的能力。学生通过实验来确定不同焦距的透镜对成像质量的影响。在实验中，使用焦距可调的透镜，记录不同焦距下成像的清晰度和像距，进而分析得到最佳成像条件。通过测量不同物距下的像距和焦距，学生能够验证高斯公式 $\dfrac{1}{f} = \dfrac{1}{d_0} + \dfrac{1}{d_i}$，其中 f 代表透镜的焦距，d_0 代表物距，d_i 代表像距。

为了进一步培养学生解决问题的能力，教师可以设计具有挑战性的实验任务，如探究不同介质对光速的影响。学生通过实验测量光在空气、水和玻璃中的传播速度，记录下光通过不同介质的时间和距离，利用公式 $u = \dfrac{d}{t}$ 计算光速，其中 u 代表光速，d 代表光传播的距离，t 代表光传播的时间。通过比较不同介质中的光速，学生能够理解光在不同介质中的折射现象，并掌握折射率的概念。

2. 培养学生的职业素养和创新能力

职业素养的培养对于中职学生来说，不仅涉及专业领域内知识和技能的掌握，还包括职业道德和责任感的培育。物理课程资源，尤其是与行业紧密结合的实践基地，为学生提供了宝贵的职业体验机会。在与新能源企业的合作中，学生能够参与太阳能电池的测试和优化过程。通过此过程，学生不仅能够理解光伏技术的工作原理，如光电效应和能量转换效率，还能够通过实际操作，比如测量不同光照条件下的电流和电压，来加深对太阳能电池性能的理解，不仅培养了学生的职业兴趣，还增强了他们的责任感和团队协作能力。

在物理教学中，通过设计创新项目，教师可以鼓励学生自主探索和实践，从而培养他们的创新能力。例如，在研究超导现象时，学生可以通过实验来探索临界温度以下的电阻变化；使用液氮来降低实验样品的温度，学生可以观察到在接近绝对零度时，某些材料的电阻突然下降至零的现象；通过收集和分析数据，学生能够理解超导体的物理特性，如迈斯纳效应和零电阻特性。此外，学生还可以通过改变磁场强度或温度条件，来探究这些因素对超导材料性能的影响，并可能提出新的假设或改进方案。

为了更深入地理解超导现象，教师可以引导学生进行定量分析。例如，利用电阻率 ρ 与温度 T 的关系公式 $\rho(T) = \rho_0 \left(1 - \dfrac{T_c}{T} \right)$，其中 ρ_0 是常数，T_c 是临界温度。通过实验数据来确定超导材料的临界温度，并分析其电阻率随温度变化的规律，学生不仅能够掌握超导现象的物理原理，还能够学习到科学探究的方法和数据分析的技能。教师利用物理课程资源，如数字模拟软件，来辅助教学和学习，在研究电磁学时，利用计算机软件来模拟电磁场的分布和变化，让学生通过调整电荷量、距离等参数，观察电场和磁场的相互作用。通过模拟实验，能够更直观地理解电磁学的原理，如法拉第电磁感应定律和麦克斯韦方程组。在教学过程中，教师还可以设计基于问题的学习活动，引导学生通过实验探索物理规律，培养科学探究能力和批判性思维能力。在研究热力学第二定律时，让学生通过测量不同热机的效率，来理解熵增原理和热力学过程的方向性。

四、促进教师专业发展

1. 提升教师的教学设计与实施能力

通过物理课程资源，教师能够获取丰富的教学案例、教学策略和学科知识，从而设计出符合学生认知特点和职业需求的教学方案。例如，在设计关于电路分析的教学单元时，教师可以利用数字课件中的仿真软件，展示不同电路元件的连接方式和电路的工作原理。通过调整电路中的电阻值、电容值或电感值，教师可以引导学生观察电路中电流和电压的变化，从而深入理解基尔霍夫定律的应用。基尔霍夫定律包括基尔霍夫电流定律（KCL）和基尔霍夫电压定律（KVL），其中 KCL 表示在任何节点处，流入节点的电流总和等于流出节点的电流总和，数学表达式为：

$$\sum I_{in} = \sum I_{out}$$

KVL 表示在任何闭合回路中，各电势升高的总和等于各电势降低的总和，数学表达式为：

$$\sum V_{rise} = \sum V_{drop}$$

为了提升教师的教学设计能力，学校可以定期组织教学研讨会和工作坊，邀请经验丰富的教师分享教学经验，同时鼓励教师参与教学设计的竞赛和交流活动。此外，教师通过参与教育部门组织的培训项目，学习最新的教学理念和技术。根据《中等职业学校物理课程标准》（2020 年版），物理课程的教学目标包括培养学生的科学素养、提高学生的实践能力和创新能力。课程内容分为基础模块和拓展模块，基础模块包括力学、热学、电学、光学和原子物理学等内容，拓展模块则包括现代物理学和应用物理学等内容。

在教学过程中，教师利用多媒体资源和信息技术手段来丰富教学内容，通过动画演示电磁波的传播过程，利用虚拟实验室进行物理实验模拟，帮助学生更好地理解抽象的物理概念。根据《中等职业学校物理课程标准》（2020 年版），物理课程的教学评价应包括过程评价和结果评价，过程评价注重学生在学习过程中的表现和进步，结果评价则通过考试和测验来评估学生的学习效果。为了更好地实施物理课程，学校应提供充足的教学资源和设备，包括实验器材、计算机和多媒体设备等。同时，教师应不断更新教学内容，紧跟科学技术的发展，确保教学内容的前沿性和实用性。通过多种教学手段和资源的综合运用，教师可以有效提升学生的学习兴趣和学习效果，从而实现物理课程的教学目标。

2. 促进教师与行业企业的交流与合作

通过与企业的紧密合作，教师能够及时掌握行业的最新动态和技术进步，进而更新和优化教学内容，确保教学活动与行业实际需求紧密相连。

在电子行业的合作中，教师可通过参与企业的研发项目，例如新型半导体材料的开发，深入理解材料的电子特性和制造工艺，不仅让教师获得宝贵的第一手行业经验，还能够将前沿技术和应用案例直接引入课堂教学，使学生能够接触到最新的行业知识。通过引入关于半导体二极管的整流特性的实验，学生通过测量不同偏置条件下的电流和电压，应用公式 $I = I_s\left(e^{\frac{qV}{nkT}} - 1\right)$ 来分析二极管的电流—电压特性，其中 I 是电流，I_s 是饱和电流，e 是自然对数的底数，q 是电子电荷量，V 是电压，n 是理想因子，k 是玻尔兹曼常数，T 是温度。

通过参与企业的实习项目，教师能够亲身体验企业的工作流程和技术应用，从而在教学中更准确地模拟实际工作环境，提高教学的实践性和针对性。在参与机械制造企业的实习中，教师通过实际操作了解了数控机床的工作原理和操作程序，然后在课堂上通过分析，让学生理解物理概念，如力矩和功率在机械设计中的应用。为了促进教师与行业企业的交流与合作，学校可以建立校企合作平台，定期组织交流活动，如行业讲座、研讨会和工作坊，为教师提供与企业专家直接对话的机会。学校与企业共同开发课程和教材，将企业的实际需求和案例纳入教学内容，如结合企业的产品设计流程，开发关于产品生命周期中能量转换和守恒的课程模块。

第三章　物理教学与物理思维培养

第一节　物理思维培养策略

一、培养物理问题的抽象思维能力

1. 推理与逻辑推断能力的培养

逻辑推断在物理教学中要求学生基于已知的物理事实或理论，通过科学的推导过程得出新的结论，在波动理论的教学中，教师引导学生理解波的基本特性，包括波长、频率和波速，这些特性之间遵循特定的数学关系，即波速 u 等于频率 f 乘以波长 λ，公式表示为 $u = f\lambda$。假设在空气中的声速为 343m/s，一个声波的频率为 440Hz，学生通过公式 $\lambda = \dfrac{u}{f}$ 计算出该声波的波长为 0.78m。在电流与电阻关系的实验中，教师可以提供一系列电阻值，并测量通过电阻的电流，从而得到相关数据，如表 3-1 所示。

表 3-1　电阻值与电流值的关系对照

电阻值（Ω）	电流值（A）
1	2
2	1

续表

电阻值（Ω）	电流值（A）
3	0.67
4	0.5

注：本表展示了不同电阻值下对应的电流值，数据用于分析电阻与电流之间的量化关系，并验证了欧姆定律 $V = IR$。电阻值从 1Ω 到 4Ω 不断递增，而电流值从 2A 逐渐减小至 0.5A，反映了电阻增加导致电流减小的物理现象。

进一步地，教师引导学生通过实验数据来探究电流与电阻之间的定量关系，通过改变电阻值，记录相应的电流变化，绘制出电流—电阻关系图，并分析其趋势。如果实验中使用的电压保持不变，学生将观察到电流与电阻成反比的关系，与欧姆定律的预测一致。在教学过程中，教师可以进一步引入误差分析的概念，让学生了解实验数据与理论预测之间的差异，并探讨可能的原因，通过计算电阻的误差范围来评估实验结果的准确性。

2. 抽象概念的形成与应用

抽象概念的形成是物理思维培养的基石，尤其在中职物理教学中，概念如力、能量、场等构成了物理学的骨架。为帮助学生理解这些抽象概念，教师采用多种直观教学手段，包括模型、图表、动画等，以增强学生的认知体验。在讲解热力学时，教师可以利用温度—压力图来展示理想气体在不同状态下的行为。学生可以直观地看到气体在等温、等压或绝热过程中的变化趋势。例如，理想气体状态方程 $PV = nRT$ 以图形的方式呈现，其中 P 代表压强，V 代表体积，n 为摩尔数，R 是理想气体常数，T 是绝对温度。通过温度—压力图，观察到在等容过程中温度和压强的关系，以及在等压过程中温度和体积的关系。进一步地，教师通过设计具体的实验来加深学生对抽象概念的理解，在讲解电场概念时，通过电场线的分布图来展示电场的强度和方向。学生通过观察电场线的疏密来推断电场强度的大小，并通过电场线的方向来理解电场的方向性。教师引导学生通过计算电势差 $U = Ed$ 来进一步理解电场的性质，其中 E 是电场强度，d 是两点间沿电场方向的距离。

在能量的教学中，教师利用能量转换和守恒定律来设计问题情境，通过分析一个简单的机械系统，如单摆或弹簧振子，教师指引学生计算系统的动能和势能，并应用能量守恒定律 $E_{总} = E_k + E_p$ 来分析系统在不同状态下的能量分布。通过具体的数据和计算，学生可以更深刻地理解能量转换的过程和守恒的概念。此外，教师设计电路分析的问题情境，让学生应用欧姆定律和基尔霍夫电压定律来解决实际电路问题。通过给定电路的电压和电阻值，计算电路中的电流，并进一步分析电路的功率和能量消耗，，学生可以将抽象的物理概念与具体的技术问题相结合，提高他们的知识迁移能力和解决实际问题的能力。

3. 解决实际问题的能力提升

解决实际问题的能力是物理思维培养的核心目标，要求学生能够将理论知识应用于具体的技术问题中，通过实践活动深入理解物理概念，并提升其实践技能。在中职物理教学中，教师应设计具有实际应用背景的实验和项目，使学生在解决具体问题的过程中，加深对物理原理的认识和提升应用能力。

在讲解热力学第一定律时，让学生测量不同质量的水在加热过程中温度的变化，并计算所需的热量。实验中使用精确的加热设备和温度传感器来测定水的初始温度 T_i 和最终温度 T_f，以及加热时间 t。根据比热容公式 $Q = mc\Delta T$，其中 m 是水的质量，c 是水的比热容 [对于水, $c \approx 4.18 \text{J}/(\text{g}° \cdot \text{C})$]，$\Delta T = T_f - T_i$ 为温度变化，计算出水在加热过程中吸收的热量。数据如表 3-2 所示。

表 3-2　热力学第一定律实验数据记录

实验编号	水的质量 m（g）	初始温度 Ti（℃）	最终温度 Tf（℃）	加热时间 t（s）	吸收的热量 Q（J）
1	100	20	80	300	100×4.18×（80-20）
2	200	20	90	300	200×4.18×（90-20）

在设计太阳能热水器项目中，学生需要综合运用热力学、流体力学和材料科学等多学科知识。学生需要计算太阳能热水器的集热面积，以确定在特定日照条件下能够收集到的太阳能量。通过使用公式 $E_{\text{collected}} = A \cdot I \cdot t$，其中 $E_{\text{collected}}$ 是收集到的太阳能量，A 是集热面积，I 是太阳辐射强度，t 是时间，学生可以设计出满足特定热水需求的太阳能热水器。同时，需要考虑热水器的

保温性能，计算热损失，并选择合适的保温材料。通过实践活动，学生的创新能力和解决实际问题的能力得到了显著提升，学会了如何将理论知识与实际应用相结合，提高了解决工程技术问题的能力。

另外，教师应注重学生的主体性发展，鼓励学生主动参与和积极探索。通过设计具有挑战性的实验和项目，教师可以激发学生的好奇心和探究欲，促使运用所学的物理概念进行创新性思考和实践。在讲解电路分析时，让学生测量不同电阻值对电路总电阻的影响，并对数据进行记录，如表 3-3 所示。

表 3-3　电阻组合实验数据记录表

实验编号	电阻值 R_1（Ω）	电阻值 R_2（Ω）	并联电阻 $R_并$（Ω）	串联电阻 $R_串$（Ω）
1	100	200	$\dfrac{100 \times 200}{100 + 200}$	100+200
2	200	300	$\dfrac{200 \times 300}{200 + 300}$	200+300

二、激发物理探究的创新思维

1. 启发式思维的培养方法

启发式思维的培养通过设置开放性问题实现，问题不具有固定答案，鼓励学生运用所学知识，发挥想象力和创造力。在探讨波动理论时，提出设计新型通信设备的问题，引导学生探索波动传播特性，并结合光纤通信、无线传输等技术进行创新设计，不仅加深了学生对波动理论的理解，而且锻炼了他们将理论知识应用于实际问题的能力。逆向思维教学法要求从结果出发，反向推导出问题的原因和解决方法。在电路原理教学中，展示不常见的电路结构，让学生分析其工作原理和应用场景，然后逆向思考如何设计这种电路，有助于学生打破常规思维，从新角度审视问题、激发创新思维。类比推理是通过将已知领域的知识迁移到未知领域，寻找相似性进行创新应用的过程。在热学教学中，学生掌握温度计原理后，教师引导学生思考如何将其应用于设计温度自动控制系统，将基础物理知识与现代科技相结合，拓展思路。小组讨论和合作学习能够促进学生之间的思想交流和产生创新的火花。在学习光学后，学生分组讨论设计新型太阳能收集器，通过集体智慧产生创新点子，并学会将理论知识转化为实际应用。

教师应提供实验条件，让学生自行设计实验方案，验证理论预测，在电磁学单元，设计电磁感应实验，验证法拉第电磁感应定律，并尝试设计发电装置。通过实践，学生能够加深对物理原理的理解，并在过程中发现新问题和可能性，激发创新潜能。在探究电磁感应现象时，设计实验测量不同导线长度和磁场强度下的感应电动势，记录数据如表3-4所示。

表3-4　电磁感应实验数据记录

导线长度（m）	磁场强度（T）	感应电动势（V）	实验时间
1	0.5	测量值	14:00
2	0.5	测量值	14:15
1	1	测量值	14:30

2. 创造性问题解决策略的引导

创造性问题解决策略是指学生在面对物理问题时，能够运用所学知识，结合创新思维，提出新颖的解决方案。教师应创设情境，让学生面临需要创新才能解决的问题。问题不应只是单一知识点的应用，而应是涉及多个概念的综合运用，甚至是跨学科知识的整合。例如，在教授力学中的能量守恒定律时，让学生探究如何利用重力势能和动能的转换来设计一个节能的游乐设施。通过实践活动，不仅能够深入理解能量守恒的原理，还能够将其应用于解决实际问题，锻炼他们的创新思维。例如，让学生探究不同形状和材料的摆锤在摆动过程中的能量转换，如表3-5所示。

表3-5　摆锤能量转换实验数据记录

摆锤类型	材料	初始高度（m）	最低点速度（m/s）	最高点和最低点能量差（%）	能量转换效率（%）
圆形金属摆锤	铜	0.5	3	94	97

摆锤类型	材料	初始高度（m）	最低点速度（m/s）	最高点和最低点能量差（%）	能量转换效率（%）
锥形塑料摆锤	塑料	0.8	4.5	90	95

通过头脑风暴教学，教师能够激发学生的创造力，鼓励学生提出各种解决方案，在电磁学领域，教师可以向学生提出挑战："如何仅使用电磁铁和基本材料制作一个简易起重机?"不仅能够激发学生的想象力，还能够培养学生面对工程挑战时的创新意识。在这个过程中，学生被鼓励不拘一格地思考，无论想法是传统还是大胆，都能在自由讨论中迸发出创新的火花。还可以教授学生使用各种创新思维工具，如思维导图和六顶思考帽，帮助学生系统地展开思考。思维导图帮助学生有条理地组织复杂问题的解决方案，而六顶思考帽则能够引导学生从不同角度审视问题，促使全面考虑各个方面，在物理学的学习中，帮助学生更深入地理解和应用理论知识，从而培养其创新思维的能力。教师通过引入案例来激发学生的创新思维。例如，提出特斯拉如何通过创新的电磁理论，解决了长距离电力传输的难题? 进而激励学生超越传统思维模式，寻找新的解决方案。教师应当鼓励学生通过实验来验证自己的创新想法。实验不仅能够帮助学生将理论知识付诸实践，还能够验证想法的可行性。

3. 跨学科思维与创新能力的培养

跨学科思维是指将物理学原理与其他学科的知识和方法结合起来，以解决多维度的问题，为了培养学生这种能力，设计项目式学习活动是其中一种有效的方法，鼓励学生运用物理原理解决生物学或化学等领域的问题。例如，在生物医学领域，学生可以研究声音的传播如何影响人类听力，利用声学原理分析耳蜗的结构和功能，探讨不同频率的声音在耳蜗中的传播路径和速度。在化学中，探索不同物质的导电性与其分子结构之间的关系，通过实验测量不同材料的电阻率，利用欧姆定律 $R = \rho \dfrac{L}{A}$ ，其中 R 为电阻， ρ 为电阻率， L 为导体长度， A 为导体截面积，分析不同材料的导电性能，并将实验结果与材料的分子结构进行对比，探讨导电性与分子结构之间的关系。

通过分析建筑学中的力学原理，学生可以理解建筑物的稳定性是如何通过物理学中的力和平衡原理来实现的。教师引导学生分析建筑结构中的受力情况，利用静力学平衡方程 $\sum F = 0$ 和 $\sum M = 0$ 计算建筑物在不同荷载下的受力情况，评估建筑物的稳定性和安全性。通过对实际建筑的分析，学生可以理解力学原理在建筑设计中的应用，并掌握基本的结构分析方法。教师还可以引导学生参与科研项目，如环境科学中的能源转换问题，让学生运用物理知识来评估和改进能源使用的效率。在该过程中，研究不同能源转换装置的工作原理和效率，如太阳能电池、风力发电机和热电转换器等。通过实验测量装置的输出功率和效率，利用能量守恒定律 $\eta = \dfrac{P_{\text{out}}}{P_{\text{in}}}$，其中 η 为效率，P_{out} 为输出功率，P_{in} 为输入功率，分析不同装置的能量转换效率，并提出改进方案。通过参与科研项目，学生可以深入理解物理原理在能源转换中的应用，并培养解决实际问题的能力。教师应鼓励学生自主选择感兴趣的主题，进行深入研究，并将研究成果呈现出来，不仅能增强学生的探究兴趣，还能提高他们的自主学习能力。学生可以选择研究太阳能电池的效率提升方法，通过实验测量不同材料和结构的太阳能电池的光电转换效率，利用光电效应方程 $E = hf$，其中 E 为光子能量，h 为普朗克常数，f 为光频率，分析不同材料的光电转换特性，并提出优化方案，将研究成果制作成报告或展示，通过课堂展示或科学竞赛等形式分享学生的研究成果，锻炼表达能力和团队合作能力。

三、引导物理概念的系统思维

1. 系统整合能力与综合分析能力的培养

系统整合能力与综合分析能力的培养直接影响学生解决实际问题的能力。在培养系统整合能力时，可以通过以下方式进行教学设计：第一，教师在讲解单个物理概念时，强调其与其他相关概念的联系。例如，在讲解牛顿第二定律时，结合动量守恒定律进行讲解，使学生理解力与动量变化之间的关系。第二，通过综合性的问题设计，让学生在解决问题的过程中将多个物理概念进行整合。例如，在研究汽车刹车问题时，综合考虑力学、热学等多个知识点，分析汽车刹车过程中能量的转化和损耗。第三，利用实验教学，通过实验让学生观察和体验物理现象，将理论知识与实际现象相结合。通过自由落体实验，让学生理解重力加速度的概念，并进一步思考其他影响因素。通过以上方式，可以有效培养学生的系统整合能力。

综合分析能力的培养则通过以下方式进行教学设计：第一，通过复杂的物理问题设计，要求学生进行全面分析。在研究复杂电路问题时，可以设计含有多个电源、电阻和电感的电路，要求学生分析各个元件的工作情况，并利用基尔霍夫定律进行求解。第二，通过项目式学习，让学生在完成一个完整的项目过程中进行综合分析。设计一个电子产品的开发项目，让学生从需求分析、原理设计、元件选型到电路实现，进行全方位的综合分析和设计。第三，通过案例分析教学，对实际物理现象或工程案例进行分析，学习如何将理论知识应用于实际问题的解决。通过对桥梁结构的分析，让学生理解力学原理在桥梁设计中的应用，并进一步分析桥梁在不同载荷下的应力和变形情况。在教学过程中，利用物理课程标准中的相关要求和建议，结合学生的实际情况，选择合适的教学内容和方法，注重系统整合能力和综合分析能力的培养。

2. 多维度视角下的物理问题解析

多维度视角是指在分析物理问题时，学生能够从不同的角度进行思考，包括数学、化学、生物学等其他学科的视角。跨学科的思维方式有助于学生更全面地理解物理现象，发现问题的不同方面和深层次的联系。例如，在探讨热力学问题时，学生可以从能量转换的角度分析同时也可以考虑物质的化学性质和生物过程对能量转换的影响。在教学过程中，让学生在解决物理问题的同时，也能够运用其他学科的知识，不仅能够提高学生的综合分析能力，还能够激发学生的创新思维，鼓励学生从不同的角度探索问题。以热力学为例，在研究能量转换时，引导学生从数学角度分析热力学第一定律和第二定律的公式表达式和推导过程，通过数学公式和图表分析热力学过程中的能量变化，如 $Q = \Delta U + W$，其中 Q 代表热量，ΔU 代表内能的变化，W 代表做功。

此外，可以结合化学中的能量转换原理，如化学反应中的能量变化，探讨化学键断裂和形成过程中能量的吸收和释放，分析不同物质在化学反应中的能量变化，例如在燃烧反应中，燃料与氧气反应生成二氧化碳和水，同时释放大量热，通过实验测量燃烧反应的热效应，并绘制能量变化图，进一步理解化学反应中的能量转换机制。引入生物学的视角，探讨生物体内的能量转换过程，如细胞呼吸和光合作用中的能量变化。在细胞呼吸过程中，葡萄糖在氧气的参与下被分解成二氧化碳和水，同时释放出能量，这一过程可以用 $C_6H_{12}O_6 + 6O_2^- > 6CO_2 + 6H_2O^+$ 能量来表示。通过分析，理解生物体如何通过代谢过程获取和利用能量，从而将物理学的能量转换原理与生物学中的代谢过程相结合，深入理解能量在生物系统中的流动和转化。此外，结合工程学和环境科学的视角，分析能量转换过程中的实际应用和环境影响，在研究热机和制冷机的工作原理时，结合工程学中的能量转换装置的设计和优化，通过分析热机的效率和功率输出，理解能量转换的实际应用，同时结合环境科学中的能源利用和环境保护问题，探讨能量转换过程中的环境影响和可持续发展。通过跨学科的教学设计，学生可以从多个维度理解物理现象，掌握跨学科的综合分析能力和解决问题的能力。在教学过程中，利用实验和模拟技术，通过实验和计算机模拟，让学生直观地观察和体验跨学科的能量转换过程。在教学评价中，可以设计综合性的评价任务，通过综合性的问题设计和项目任务，考查学生的跨学科分析能力和创新思维。

3. 理论与实践结合的系统思维训练

理论与实践的结合是物理思维培养的核心，学生通过实践活动，将理论知识应用于实际操作中，能够更深刻地理解物理概念和原理。在物理实验教学中，教师设计一些与理论教学紧密相连的实验项目，让学生在实验中验证和应用所学的理论知识。在讲解电磁学时，让学生通过实验测量不同条件下的电磁感应现象，从而验证法拉第电磁感应定律。具体来说，通过设计实验，测量线圈中磁通量的变化率与感应电动势之间的关系，利用公式 $E = -d\Phi/dt$，其中 E 代表感应电动势，Φ 代表磁通量。通过改变线圈的匝数、磁场强度和变化速度，可以直观地观察到感应电动势的变化情况，从而验证法拉第定律。

在此过程中，学生不仅能够加深对电磁感应现象的理解，还能够学会如何运用理论知识解决实际问题。

在实验过程中，教师指导学生记录实验数据，绘制数据曲线，并进行数据分析，在测量感应电动势与磁通量变化率的关系时，让学生绘制感应电动势随时间变化的曲线，通过曲线斜率的计算，验证法拉第电磁感应定律的正确性。通过实践活动，学生不仅能够掌握实验技能，还能够提高数据分析和解读的能力，从而更全面地理解物理现象和规律。此外，教师通过引导学生设计并实施创新性实验项目，进一步激发学生的学习兴趣和创造力。

除了课堂实验，教师还可以引导学生参与一些科学研究项目，让学生在真实的研究环境中进行探索和学习，通过参与科研项目，更深入地了解物理知识的应用，提高科研能力和创新能力。组织学生参与学校或社区的科技创新比赛，基于所学的物理知识，设计和开发创新性项目，利用太阳能电池板进行能量转换和存储，或者开发基于电磁感应原理的无线充电装置。在科研项目的过程中，学生需要进行文献查阅、实验设计、数据采集和分析、结果讨论和报告撰写等多方面的工作，不仅能够提高科学研究能力，还能够培养团队合作精神和沟通交流能力。在进行太阳能电池板的能量转换和存储项目时，学生需要了解太阳能电池的工作原理和技术现状，设计实验方案，测量不同光照条件下的电池输出功率，并分析数据得出结论。他们经过全过程的参与，可以全面掌握科学研究的方法和技能，进一步提升综合素质和能力。

四、促进物理观念的批判性思维

1. 批判性思维在物理探索中的应用

批判性思维在物理探索中的应用体现在学生对物理概念、原理和实验结果的深入分析与质疑上。在探讨牛顿运动定律时，学生不仅应学习定律的内容，还应学会对其适用条件和局限性进行思考。通过设计实验验证牛顿第二定律 $F=ma$，学生可以收集数据并分析加速度 a 与作用力 F 及质量 m 之间的关系，进一步探讨在非理想条件下，如摩擦力存在时，定律的适用性，学生能够理解物理定律的适用范围，并对实验数据的偏差进行合理解释。

在进行牛顿第二定律的实验时，使用动态小车和传感器来测量不同作用力下小车的加速度，学生通过改变小车所受的外力大小，记录不同外力作用下小车的加速度，绘制 $F-a$ 关系图，并通过线性拟合得到直线斜率，从而验证 $F=ma$ 的正确性。在实验过程中，学生应注意到摩擦力的存在可能会导致实验数据与理论值产生偏差，可以通过增加实验的重复次数，并对实验数据进行平均处理，减少偶然误差的影响。同时，学生还应考虑到实验环境中的其他因素，如空气阻力和小车滚动摩擦力对实验结果的影响，并尝试通过增加润滑剂或在低摩擦力的表面进行实验来减小这些因素的影响。

通过深入的实验分析，更好地理解牛顿第二定律的适用条件和局限性，学生可以发现牛顿第二定律在理想状态下，即忽略摩擦力和空气阻力的情况下成立较好，而在实际条件下，必须考虑这些额外的力的影响。除了牛顿运动定律的实验验证，批判性思维还可以应用于其他物理概念和原理的探讨。例如，在研究能量守恒定律时，设计实验测量不同形式的能量转换过程，如机械能转化为热能或者电能转化为光能。通过精确测量输入和输出的能量，验证能量守恒定律的正确性，同时考虑实验过程中的能量损失，如热能散失、摩擦损耗等因素的影响。

2. 数据分析与科学论证能力的培养

数据分析与科学论证能力的培养要求学生在面对物理实验数据时，能够运用统计方法和逻辑推理进行分析，在研究简谐振动的周期时，通过测量不同振幅下振动的周期，收集数据并绘制周期—振幅图像。通过分析图像，可以发现周期与振幅的关系，并运用数学工具进行曲线拟合，如使用线性回归分析方程 $y = mx + b$ 来确定周期与振幅之间的数学关系。在此过程中，学生不仅学会了如何收集和处理数据，还学会了如何运用科学方法对实验结果进行论证。

在具体实验中，学生使用一个振动系统，如弹簧振子或单摆，测量不同振幅情况下的振动周期。通过多次测量，获取一组周期与振幅的数据，并将这些数据绘制成散点图。根据图像的形态，可以初步判断周期与振幅之间是否存在线性关系。如果图像显示出明显的线性趋势，使用线性回归方法对数据进行拟合，得到周期与振幅之间的关系式。在进行线性回归分析时，需要掌握相关的数学工具和软件，如使用 Excel 或其他数据分析软件进行数据处理和曲线拟合。输入实验数据，软件可以自动计算回归系数 m 和截距 b，并生成相应的回归方程。通过计算相关系数 R^2 来评估回归模型的拟合效果，判断模型的准确性和可靠性。在数据分析过程中，学生应注意实验数据中的误差和不确定性，可以通过对测量数据进行多次重复实验，计算平均值和标准差，从而减小偶然误差的影响，同时应考虑到系统误差的存在，并尝试通过改进实验装置和方法来减小这些误差，在测量简谐振动的周期时，使用高精度计时器和光电传感器来提高测量精度，减小人为误差的影响。在热学实验中，通过测量不同温度下物质的热膨胀系数，验证热膨胀定律，通过收集不同温度和长度下的数据，绘制温度—长度变化图像，并使用回归分析方法进行拟合，得到热膨胀系数值。通过数据分析和科学论证，可以深入理解热膨胀现象的机理，并评估实验数据的准确性和可靠性。

3. 理论假设的评估与反思技能

在探究新物理现象或解决复杂问题时，学生需要提出假设并设计实验进行验证。例如，在研究电磁感应现象时，学生可以根据法拉第电磁感应定律提出假设，并设计实验测量不同条件下的感应电动势。具体来说，法拉第电磁感应定律表示为 $E = -\dfrac{\mathrm{d}\Phi}{\mathrm{d}t}$，其中 E 是感应电动势，Φ 是磁通量。学生可以假设，在恒定磁场强度下，通过改变线圈匝数和磁通量变化速率，可以观察到不同的感应电动势。

实验设计中，学生需考虑变量控制，如磁场强度、线圈匝数、导线长度等，确保实验的可重复性和准确性。实验数据的收集需精确记录，如使用精确的电压表测量感应电动势，记录不同条件下的数值。数据的整理通常涉及制作表格，如表 3-6 所示，列出实验条件和对应的感应电动势，以便于分析和比较。

表 3-6　电磁感应实验数据记录示例

实验编号	磁场强度（T）	线圈匝数（turns）	导线长度（m）	感应电动势（V）
1	0.5	100	0.5	0.15
2	0.5	200	1	0.3
…	…	…	…	…

在数据分析阶段，学生运用统计方法，如计算平均值、标准偏差等，评估数据的可靠性。通过图表展示数据趋势，如感应电动势随磁场强度变化的图像，进一步分析数据的相关性。若实验结果与假设不符，学生需反思可能的原因，如实验误差、设备精度、理论假设的局限性等，并提出改进措施。学生还需培养对现有理论的批判性思考，通过文献研究和理论推导，评估理论的适用范围和局限性。在分析牛顿运动定律时，引导学生探讨其在宏观世界和微观世界的适用性，以及相对论和量子力学对牛顿理论的补充和修正。

第二节　物理教学中学生创造性思维的培养

一、启发物理探索的创新思维

1. 问题提出与解决策略的培养

问题提出是科学探究的起点，在物理教学中，教师应鼓励学生主动提出问题，问题应源于学生对物理现象的观察和思考，在探讨力学问题时，学生提出"为什么不同质量的物体在相同高度自由落下时，落地时间相同？"教师可以引导学生通过实验来探究这个问题，比如使用不同质量的小球进行自由落体实验，记录下落时间并进行比较分析。

在解决问题时，学生需要理解自由落体运动的物理原理，并掌握测量时间和下落距离的方法。根据牛顿第二定律 $F = ma$ 和重力公式 $F = mg$，可得加速度 $a = g$。在自由落体运动中，物体仅受重力作用，因此所有物体的加速度均为 g，约为 9.8m/s^2。利用此原理，通过实验测量不同质量的小球从相同高度自由落下的时间，验证理论的正确性。

实验设计应包括：选择不同质量的小球，测量每个小球的质量 m 并将它们从相同高度 h 处释放。使用精确的计时器测量每个小球从释放到落地的时间 t，记录数据并进行比较分析。根据自由落体运动的公式 $h = \frac{1}{2}gt^2$，计算每个小球的下落时间 $t = \sqrt{\frac{2h}{g}}$。通过对比实验数据与理论值，可以验证不同质量的物体在相同高度自由落下时，落地时间相同的结论。

在数据记录和分析过程中，学生需要注意实验误差的控制和数据处理的准确性，可以多次重复实验，取平均值减小偶然误差的影响。同时，学生应考虑实验环境中的干扰因素，如空气阻力对轻质量物体下落时间的微小影响，并尝试通过改进实验设计减小这些影响。

在教学过程中，教师还应鼓励学生提出更多具有挑战性和创新性的问题。例如，"不同形状的物体在自由落体过程中是否会受到空气阻力的不同影响？"或者"在不同介质中，自由落体运动的加速度是否会发生变化？"引导学生进一步探究物理现象的多样性和复杂性，帮助他们扩展科学视野和提高探究能力。

为解决更复杂的问题，需要掌握更深入的物理原理和实验方法，了解空气阻力的作用原理，并使用流体动力学的基本公式 $F_d = \frac{1}{2}C_d\rho u^2 A$，其中 F_d 为阻力，C_d 为阻力系数，ρ 为空气密度，u 为速度，A 为物体迎风面积。通过改变物体的形状和表面积，测量不同形状物体的下落时间，分析空气阻力对自由落体运动的影响。在不同介质中，自由落体运动的加速度可以通过测量物体在液体或气体中的下落时间，比较分析不同介质对自由落体运动的影响。通过实验，学生可以发现介质的密度和黏性对物体下落速度的显著影响，从而更深入理解流体动力学和重力作用的综合效应。

在整个探究过程中，教师应指导学生使用科学方法和逻辑推理，培养解决问题、数据分析和科学论证的能力，学生需要学会运用统计方法和逻辑推理进行数据分析。收集大量实验数据，使用统计软件进行数据处理和分析，绘制数据图表，如时间—高度关系图、速度—时间关系图等，寻找数据之间的内在联系和规律。教学过程中，教师引导学生阅读相关科学文献，了解科学家的研究方法和成果，培养学生的科学素养和批判性思维能力。

2. 原理应用与新观念的创造

在物理教学中，教师应设计活动让学生运用物理原理来解释现象或解决技术问题。例如，在学习电磁学时，学生可以通过设计简单的电路来理解欧姆定律 $V = IR$ 的应用。通过改变电阻或电源电压，可以观察到电流的变化，并加深对欧姆定律的理解。在实验过程中，选择不同阻值的电阻，并使用电压表和电流表测量电源电压和电路中的电流。通过记录不同电压下的电流值，学生可以绘制 V 和 I 的关系图，验证 $V = IR$ 的线性关系。通过数据分析，学生能够更直观地理解电阻、电压和电流之间的关系，掌握如何应用欧姆定律解决实际电路问题。教师通过引入复杂的电路设计任务来进一步锻炼学生的应用能力，让学生设计一个多功能电路，包括串联和并联电阻的组合，计算总电阻，并预测在不同输入电压下各部分的电流和电压分布。学生需要根据欧姆定律和基尔霍夫电路定律进行计算，设计合理的电路图，并实际搭建电路进行验证。

新观念的创造要求学生在理解物理原理的基础上，能够提出新的见解或假设，教师通过分析或讨论的方式，激发学生的创新思维，在讨论能源问题时，探讨太阳能、风能等可再生能源的应用，并提出新的能源利用方案。具体而言，学生通过实验测量不同光强下光伏电池的输出电压和电流，分析光伏电池的转换效率。在此基础上，提出改进光伏电池效率的方法，例如通过优化光伏材料或改进电池结构设计。教师引导学生开展跨学科的创新项目，例如结合物理与化学、生物学、环境科学等学科知识，设计新型可再生能源利用系统，学生可以研究植物光合作用过程中能量转换的原理，探讨如何利用仿生学原理设计高效的光伏系统。通过跨学科的研究，学生可以从不同角度思考问题，提出更加创新和综合的解决方案。

在课堂教学中，教师利用现代信息技术和科学实验平台，为学生提供丰富的学习资源和实践机会，利用计算机模拟和虚拟实验平台，学生在虚拟环境中设计和测试不同的能源利用方案，分析其可行性和效率。在教学过程中，教师应注重培养学生的科学探究精神和批判性思维能力。鼓励学生在学习过程中不断提出问题，积极探索和验证自己的假设，在研究新材料的导电性能时，学生提出假设并设计实验，测量不同材料在不同温度下的电阻变化，通过实验数据分析验证假设的正确性。通过不断提出问题、设计实验、验证假设的过程，学生能够不断优化认知结构，提高科学探究能力和创新思维。

3. 实验设计中的创新思维训练

在物理教学中教师应当引导学生独立设计实验，包括选择合适的实验器材、设置实验条件、确定测量参数等步骤，不仅能够帮助学生深入理解物理理论，还能够培养其科学探究精神和实验技能。

以光的折射现象为例，学生开展探究不同介质对光折射率影响的实验，实验中，学生需要根据 Snell 定律，即 $n_1\sin\theta_1 = n_2\sin\theta_2$，计算不同介质下的折射率，其中 n_1 和 n_2 分别为两种介质的折射率，θ_1 和 θ_2 分别为入射角和折射角（见表 3-7）。通过测量光线在空气与水、玻璃等不同介质中的入射角和折射角，学生得出折射率的数值，并进一步分析介质性质与折射率之间的关系。在实验设计中，学生还需考虑实验的可行性和精确度，使用激光发射器作为光源，利用精密的角度测量工具来确定光线的入射角度和折射角度。

表 3-7　不同介质折射率的实验测定数据

试验编号	介质1	介质2	入射角（°）	折射角（°）	折射率
1	空气	水	30	21.6	1.41
2	空气	玻璃	30	19.5	1.53

在实验过程中，教师应鼓励学生运用现代技术手段，如计算机模拟软件进行实验预测，不仅能帮助学生在实验前对结果有一个初步的估计，还能提高实验的效率和精确度。同时，使用传感器和数据采集系统可以自动记录实验数据，减少人为误差，提高数据的可靠性。学生在实验设计中还应考虑实验的安全性，确保在操作过程中遵循实验室的安全管理规范，如使用激光器时需佩戴护目镜，确保光源不会对眼睛造成伤害。

二、激发物理理论的创造性思维

1. 理论模型的构建与验证

理论模型的构建能够帮助学生理解复杂现象的本质特征，在教学过程中，学生通过观察和实验数据来构建理论模型，在探讨原子结构时，通过对光谱线的分析来构建波尔模型，以解释氢原子的发射光谱。波尔模型基于量子力学的基本原理，假设电子在原子核周围的轨道上运动，并且这些轨道对应于特定的能级。波尔模型中的公式 $E_n = -\dfrac{13.6\,eV}{n^2}$，其中，$E_n$ 是氢原子第 n 个能级的能量，n 是主量子数。

在实际教学中，教师应帮助学生更好地理解和应用波尔模型，学生通过测量氢原子的发射光谱，记录不同波长的光谱线，并利用公式 $E = h\nu$ 计算光子的能量，其中 h 是普朗克常数，ν 为光子的频率。通过将能量值与波尔模型预测的能级差进行比较，可以验证波尔模型的正确性，如表 3-8 所示。

表 3-8　不同波长的光谱线及其对应的能量值

波长（nm）	频率（Hz）	能量（eV）
656.3	4.57e+14	1.89
486.1	6.17e+14	2.56
434	6.91e+14	2.86
410.2	7.31e+14	3.02

利用表 3-8 中的数据，发现这些能量值与波尔模型预测的能级差相符，从而验证模型的准确性。此外，学生还可以绘制能量与频率的关系图，通过数据拟合技术进一步验证波尔模型的正确性。

在构建理论模型的过程中，教师应鼓励学生采用创新的方法和技术，利用计算机模拟软件进行实验预测，或者使用传感器和数据采集系统来提高实验的精确度。

除了波尔模型，还可以通过构建其他理论模型来理解物理现象，在研究电磁学时，通过实验数据构建电场和磁场的模型，解释电荷和电流的行为，通过测量电场强度和磁场强度，学生可以验证库仑定律和安培定律，并通过数据分析构建电场和磁场的分布模型。在热学研究中，学生通过测量不同物质的比热容，探究热量传递的规律，并通过数据分析构建热传导和热辐射的模型，实验数据通过图表形式展示，例如温度随时间变化的曲线图。

2. 新技术应用与物理理论创新

在现代物理教育中，引入先进的科技工具如计算流体动力学（CFD）软件和大数据分析，为学生提供了深入理解物理现象的新途径和强大工具。特别是在流体动力学的学习中，CFD 软件的应用使得学生能够通过模拟和分析流体流动，探索不同参数对流体行为的影响。

计算流体动力学通过数学模型和计算机算法模拟复杂的流体流动过程，能够提供详细的流体特性、速度分布、压力场等数据，使学生能够实时观察和分析流体在不同条件下的行为。学生可以调整流体的黏度、速度以及周围环境的压力，观察流体从层流状态到湍流状态转变的过程。通过实验和模拟，不仅能够直观地理解流体动力学的基本原理，还能够掌握实际操作技能，将理论知识应用到实际问题的解决中。在教学实践中，教师设计具体的实验任务和数据分析活动，引导学生利用 CFD 软件进行模拟，并分析模拟结果，学生比较不同速度下流体的流速分布图，或者研究不同黏度对流体流动特性的影响。学生可以利用大数据分析工具处理和分析从 CFD 模拟中获得的海量数据，探索流体动力学背后更深层次的规律和关联，通过统计数据、绘制图表，学生能够深入挖掘数据背后的物理意义，并提出新的科学问题或假设，促进科学思维和创新能力的发展。

3. 理论演绎与科学创新能力的培养

理论演绎在物理学研究中依赖于从已知的科学原理出发，通过逻辑上的严密推理，来预测或解释未知现象。在中职物理教学中，设计丰富的问题情境，引导学生运用理论演绎的方法深入探索物理问题。

以电磁学为例，麦克斯韦方程组是描述电磁场行为的基础理论，包括高斯定律、法拉第电磁感应定律、安培定律以及位移电流定律。通过方程，学生能够分析电磁场的相互作用及其传播特性。例如，利用公式 $\nabla \times E = \dfrac{\partial B}{\partial t}$，学生可以探究变化的磁场如何产生电场，进而理解电磁波的产生和传播机制。在探讨电磁波在不同介质中的传播时，应用公式 $u = \dfrac{c}{n}$，其中 u 是电磁波在介质中的传播速度，c 是真空中的光速，n 是介质的折射率，来计算并比较不同介质对电磁波传播速度的影响。

在研究中，引导学生深入分析物理学史上的重大理论创新，如爱因斯坦的相对论和量子力学的基本原理。相对论的质能方程 $E = mc^2$ 揭示了质量和能量之间的关系，而量子力学中的海森堡不确定性原理 $\Delta x \Delta p \geq \dfrac{h}{2}$ 则表明了粒子的位置和动量不能同时被精确测量。教师结合现代科技应用，如利用光纤通信技术来探讨信号传输问题。学生通过理论计算和实验验证，来分析光纤材料的折射率、光纤的损耗以及信号传输的带宽等问题。通过实践活动，不仅能够加深学生对物理理论的理解，还能够培养其解决实际问题的能力。在教学过程中，教师应注重培养学生的批判性思维，鼓励学生对现有理论提出质疑，并探索新的解决方案。通过设计开放性问题和研究项目，激发学生的好奇心和探究欲，促使运用所学的物理概念进行创新性思考和实践，在研究太阳能电池的光电转换效率时，学生可以通过实验，测量不同材料和结构的电池板性能，分析影响效率的因素，并提出改进措施。

三、引导物理实践的创新思维

1. 实验数据分析与创新技术应用

在物理实践中，实验数据分析要求学生能够熟练运用统计学原理和数据处理技术来深入分析实验结果，以研究简谐振动的实验为例，通过测量不同振幅下的周期并收集数据，进而绘制周期—振幅图像。通过数据，学生可以运用线性回归分析方法，确定振动周期与振幅之间的关系。根据理论上的简谐振动公式：

$$T = 2\pi\sqrt{\frac{m}{k}}$$

其中，T 是振动周期，m 是振动系统的质量，k 是弹簧的弹性系数，学生可以由此计算出理论上的振动周期。通过将实验数据与理论值进行比较，学生不仅能够验证物理定律的适用性，还能够发现实验数据中可能存在的异常点，进而探索可能的误差来源或实验条件的变化影响。在声波传播的实验中，学生利用声学软件模拟声波在不同介质中的传播过程，并将模拟结果与实验数据进行对比分析，学生能够直观地理解声波在不同介质中的传播特性，探索声波在传播过程中出现的现象和规律。模拟分析不仅有助于学生理解实验数据背后的物理机制，还能够提升他们的科学分析能力和实验设计能力。

在教学实践中，通过设计具体的实验任务和数据处理活动，教师可以激发学生的学习兴趣，培养解决实际问题的能力，学生利用统计软件对振动周期的测量数据进行处理，计算出平均值、标准差等统计量，并绘制误差棒图来展示数据的可靠性和精确性，不仅加深了学生对物理实验的理解，还培养了其在科学研究和工程领域中数据处理和分析的重要技能。

2. 实验设计中的创新方法探索

实验设计要求学生在教师的引导下，运用创新思维探索新的实验方法和手段。在研究光电效应的实验中，学生通过设计不同的实验方案，测量光电子的动能与入射光频率的关系，可以验证爱因斯坦的光电效应方程 $E_k = h\nu - w_o$。实验中，学生需要选择合适的光源，调整频率并测量相应的光电流，通过改变入射光的频率，记录不同频率下的光电流值，并计算出对应的光电子最大动能。通过实验数据，学生可以确定不同材料的功函数大小，进而探索材料的光电性质。例如，学生使用不同材料的电极，通过测量其在不同频率光照射下的光电流，绘制出光电效应曲线。通过线性拟合数据点，得到直线的斜率和截距，其中斜率 $\frac{E_k}{\nu}$ 可以用来确定普朗克常数 h，而截距 $-\frac{w_o}{e}$ 则可以用来确定功函数 φ 的大小。

在实验设计中，教师还可以引导学生运用跨学科的知识来解决物理问题。

例如，在研究热力学性质的实验中，学生可以结合化学平衡和生物代谢的知识来分析温度对反应速率的影响。通过设计实验来测量不同温度下的酶活性，学生能够深入理解温度对生物系统的影响，并探索热力学在生命科学中的应用。例如，学生可以测定某一酶在不同温度下的活性，通过记录不同温度下的反应速率常数 k，并利用阿伦尼乌斯方程 $k = Ae - \dfrac{E_a}{RT}$ 来分析温度对反应速率的影响，其中 A 是频率因子，E_a 是活化能，R 是气体常数 $[8.314\mathrm{J}/(\mathrm{mol \cdot k})]$，$T$ 是绝对温度。

3. 技术改进与物理实验创新性思维

技术改进不仅推动了科学的发展，也是培养学生创新思维的有效手段，在电磁感应实验中，学生通过实验探索不同线圈材料和形状对感应电流的影响，学生采用铜线圈和铝线圈，分别测试在相同条件下产生的感应电动势。实验中，线圈的匝数、横截面积以及线圈与磁场的相对位置都是影响感应电动势的关键参数。通过公式 $E = -N\dfrac{\Delta\Phi}{\Delta t}$，学生可以计算感应电动势，其中 E 是感应电动势，N 是线圈匝数，$\Delta\Phi$ 是磁通量的变化量，Δt 是时间间隔。通过系统地改变参数并记录数据，能够深入理解法拉第电磁感应定律，并提出优化现有实验设备的方案。

在半导体器件的研究中，学生可以探索 $\mathrm{CuInGaSe_2}$ 等新型半导体材料的光电特性，并利用微电子技术制作太阳能电池。通过测量不同材料在标准测试条件下的光电转换效率，学生可以评估材料的性能。光电转换效率的公式为 $\eta = \dfrac{P_{\mathrm{out}}}{P_{\mathrm{in}}} \times 100\%$，其中 η 是转换效率，P_{out} 是输出功率，P_{in} 是输入功率。学生可以设计实验来测量太阳能电池在不同光照强度下的输出电压和电流，进而计算转换效率，并与商业太阳能电池的性能进行比较。微机电系统（MEMS）技术的应用为传感器设计提供了新的可能性，学生可以设计并制作高灵敏度的加速度传感器，用于汽车安全气囊的部署或航空航天器的姿态控制。通过优化传感器的几何结构和材料属性，学生可以提高传感器的响应速度和测量精度，设计一个简单的 MEMS 加速度计，利用硅材料的压阻效应来测量加速度。通过施加适当的电压并测量电阻的变化，学生可以计算出加速度的大小。

在技术改进的过程中，教师应重视学生创新性思维的培养，鼓励学生提出创新的想法和解决方案，在设计新型传感器的实验中，探索不同的结构设计（如悬臂梁或膜片）以及不同的材料（如单晶硅或多晶硅）来优化传感器的性能。通过实验测试和数据分析，评估不同设计方案对传感器性能的影响，并提出改进措施。

第三节　物理实验教学中学生创新思维的培养

一、探索学生的实验设计能力

1. 引导学生独立设计和改进物理实验

学生需要能够自主提出科学问题，选择合适的实验方法和器材，设计实验步骤，并进行实验操作。例如，在探究动量守恒定律的实验中，可以设计一个碰撞实验，使用两个不同质量的小球在光滑的水平面上发生弹性碰撞。为了验证动量守恒定律 $m_1v_1 + m_2v_2 = m_1v_1' + m_2v_2'$，需要精确测量碰撞前后小球的速度。

实验步骤如下：准备两个质量分别为 m_1 和 m_2 的小球，质量 m_1 为 0.5kg，质量 m_2 为 0.3kg。选择一个光滑的水平面，确保其摩擦力可以忽略不计（可以使用气垫导轨或者光滑的玻璃板来实现这一点）。接下来，将小球分别放置在水平面上的固定位置。可以通过设置标尺和摄像设备来精确测量小球的初始位置和速度。

实验开始时，用一个发射装置（例如弹簧发射器）将质量为 m_1 的小球以初速度 v_1 发射，发射速度可以通过高速摄像机或者光电门测量，假设初速度 v_1 为 2m/s。质量为 m_2 的小球保持静止，即初速度 v_2 为 0。碰撞发生后，使用高速摄像机或者光电门再次测量两个小球的最终速度 u_1' 和 u_2'。假设经过测量，得到 u_1' 为 0.8m/s，u_2' 为 2.2m/s。

通过实验数据可以验证动量守恒定律，碰撞前的总动量为：$m_1v_1 + m_2v_2 = 0.5 \times 2 + 0.3 \times 0 = 1\text{kg} \cdot (\text{m/s})$。碰撞后的总动量为：$m_1v_1' + m_2v_2' = 0.5 \times 0.8 + 0.3 \times 2.2 = 0.4 + 0.66 = 1.06\text{kg} \cdot (\text{m/s})$，由于实验中存在测量误差，总动量的微小差异在允许范围内。

为了进一步分析，可多次重复实验，改变小球的初速度或者使用不同质量的小球，并记录所有实验数据，计算平均值，减少随机误差的影响。在另一组实验中，将 m_1 的初速度设置为 1.5m/s，测得 u_1' 为 1.0m/s，u_2' 为 1.5m/s，此时碰撞前的总动量为：$0.5 \times 1.5 = 0.75\text{kg} \cdot (\text{m/s})$，碰撞后的总动量为：$0.5 \times 1.0 + 0.3 \times 1.5 = 0.5 + 0.45 = 0.95\text{kg} \cdot (\text{m/s})$。小球弹性碰撞实验数据如表 3-9 所示。

表 3-9　小球弹性碰撞实验数据

实验次数	m_1（kg）	v_1（m/s）	m_2（kg）	v_2（m/s）	v_1'（m/s）	v_2'（m/s）	碰撞前动量[kg·(m/s)]	碰撞后动量[kg·(m/s)]
1	0.5	2	0.3	0	0.8	2.2	1	1.06
2	0.5	1.5	0.3	0	1	1.5	0.75	0.95

通过整理分析数据，发现实验结果大致符合动量守恒定律的理论预期，测量误差来源于器材的精度不足、操作不够规范等，但总体上能够证明动量守恒定律在弹性碰撞中的适用性，实验设计不仅锻炼了学生的动手能力和科学探究精神，还提升了其对物理概念的理解和应用能力。

2. 培养学生在实验设计中的创造性和科学性

在设计实验时，学生需要考虑如何控制变量、减少误差，并采用合适的数据分析方法。例如，在研究光电效应的实验中，可以设计一个实验来测量不同频率的光照射下光电子的最大动能。通过使用光电管和示波器来测量光电流，并利用公式 $K_{\max} = h v - \varphi$ 来计算最大动能 $K_{\max}$，其中 h 是普朗克常数，v 是光的频率，φ 是功函数。在实验设计中，选择不同频率的单色光源，如使用红、黄、绿、蓝、紫等不同颜色的激光。测量每种光源照射下光电管中光电子的动能，记录光电流随电压变化的关系曲线，从曲线上确定遏止电压，并由此计算光电子的最大动能。

实验步骤中，要确保实验装置的稳定性，选择一个适当的光电管和示波器，光电管的选择应考虑其灵敏度和响应时间，而示波器则需要具有足够的分辨率和精度，以便准确测量光电流和电压。为减少环境光的干扰，可以在黑暗室内进行实验，并使用光栅或滤光片调节光源的强度和频率。在实际操作过程中，通过调节光源的频率并记录相应的光电流值，得到数据。对于每种频率的光源，测量多组数据以减少偶然误差。假设选择的频率范围为红光（频率约 4.3×10^{14} Hz）、黄光（频率约 5.1×10^{14} Hz）、绿光（频率约 5.8×10^{14} Hz）、蓝光（频率约 6.4×10^{14} Hz）、紫光（频率约 7.5×10^{14} Hz）。通过实验，记录各频率下的遏止电压 V_0，并由此计算光电子的最大动能 $E_k = eV_0$。将测得的数据进行整理，并绘制出 E_k 对应于频率 v 的图像，根据 $E_k = hv - w_o$ 的直线方程，通过线性拟合的方法求得普朗克常数 h 和逸出功 w_o。实验中得到的数据如表 3-10 所示。

表 3-10　不同频率光源照射下光电子最大动能测量数据

光源频率（Hz）	遏止电压 V_0（V）	最大动能 E_k（J）
4.3×10^{14}	0.8	1.28×10^{-19}
5.1×10^{14}	1.2	1.92×10^{-19}
5.8×10^{14}	1.6	2.56×10^{-19}
6.4×10^{14}	2	3.20×10^{-19}
7.5×10^{14}	2.6	4.16×10^{-19}

通过数据绘图并进行线性拟合，求得直线的斜率和截距，斜率即为普朗克常数 h，截距为负的逸出功 w_o。假设通过拟合得到斜率为 6.63×10^{-34} Js，与理论值 $h \approx 6.626 \times 10^{-34}$ Js 相近，而截距为 -2.2×10^{-19} J，对应的逸出功 w_o 为 2.2×10^{-19} J。

实验设计不仅验证了光电效应的基本理论，还培养了学生在实验设计中思考如何控制变量、减少误差以及进行数据分析的能力。通过多次测量并使用多种频率的光源，增强了实验结果的可靠性。整个过程要求学生理解并应用光电效应的理论，选择合适的实验器材，设计合理的实验步骤，进行精确的测量和数据处理，从而充分体现出实验设计中的创造性和科学性。

3. 激发学生通过实验验证新的物理假设和理论的兴趣

教师提供开放性的实验题目，鼓励学生提出自己的假设，并设计实验进行验证，在研究电磁感应现象时，学生可以提出假设，探讨磁场变化速度对感应电动势的影响。学生使用公式 $E = -\dfrac{d\Phi_B}{dt}$ 来预测感应电动势，并设计实验来改变磁场的变化速度，测量相应的感应电动势，验证法拉第电磁感应定律的正确性。在实验教学中，教师应注重学生实验技能的培养，包括实验操作的规范性、数据记录的准确性和分析的逻辑性。同时，教师应鼓励学生对实验结果进行批判性思考，分析可能的误差来源，并提出改进实验的方案。

在研究电磁感应现象时，设计一个实验，使用线圈、磁铁和电压传感器来测量感应电动势，实验步骤中，将线圈连接到电压传感器，并确保传感器的读数精确记录。将磁铁以不同的速度穿过线圈，并记录传感器显示的电动势峰值。为了确保数据的准确性和减少误差，每组实验应重复多次，取平均值。假设实验中使用的线圈匝数为 100 匝，磁铁的磁通量变化分别为 0.05Ts、0.1Ts、0.2Ts 和 0.4Ts，如表 3-11 所示。

表 3-11　磁通量变化率与感应电动势的实验数据关系

磁通量变化率（T/s）	感应电动势（V）
0.05	0.25
0.1	0.5
0.2	1
0.4	2

从表 3-11 数据可以看出，感应电动势与磁通量变化率成正比关系，验证了法拉第电磁感应定律的正确性。在数据分析过程中，使用计算机模拟和数据分析软件来辅助处理和分析实验数据，不仅提高了实验的效率和准确性，还帮助学生更深入地理解了物理现象和原理。通过绘制感应电动势与磁通量

变化率的关系图，并进行线性拟合，更加直观地展示了两者之间的线性关系。假设线性拟合的结果为 $E = 5\Phi_B$，这与理论公式 $E = -\dfrac{\mathrm{d}\Phi_B}{\mathrm{d}t}$ 一致，进一步验证了实验结果的正确性。在上述实验中，除了改变磁场变化速度外，其他因素如线圈匝数、磁铁的磁通量强度等应保持不变。学生应记录每次实验的具体操作步骤和环境条件，以便在分析数据时考虑可能的误差来源，包括磁铁运动速度的控制误差、传感器的测量误差等。通过分析误差，学生提出改进实验的方案，例如使用更高精度的传感器、更稳定的磁铁运动装置等。此外，教师可以鼓励学生在实验设计中展现创新思维，例如探索不同形状的线圈、不同材料的磁铁对感应电动势的影响，甚至设计更加复杂的实验装置来模拟实际应用中的电磁感应现象，不仅有助于培养学生的实验设计能力，还能激发学生对物理学的兴趣和探索精神。

二、发展学生的实验成果应用能力

1. 训练学生将实验结果应用于解决实际问题

学生通过物理实验获得的数据和结论，需要能够被应用于解决现实世界的问题中，在探究理想气体状态方程 $PV = nRT$ 的实验中，通过测量不同温度和压力下的气体体积，可以验证理想气体的行为。实验结果能够帮助学生理解气体在不同条件下的膨胀和收缩特性，这些知识可以应用于解决热力学问题，如汽车发动机的效率分析或空调系统的设计。在实验过程中，通过精确控制温度和压力并测量体积的变化，学生可以获得一组实验数据，通过这些数据，能够计算出理想气体常数 R，进而验证理想气体状态方程的准确性。例如，在某一实验中，当温度 T 为 300K，压力 P 为 1atm，气体的体积 V 测量值为 0.0821L，若气体的物质的量 n 为 1mol，通过理想气体状态方程计算得 PV 值为 0.0821atm·L，乘以 300K 温度后，结果为 24.63（atm·L）/K，与理论值 $R = 0.0821$（atm·L）/（mol·K）一致，验证了理想气体状态方程的正确性。

类似地，通过不同温度、压力下的实验数据进行计算和验证，也能得出一致的结果，不仅能验证理想气体行为，还能深化学生对气体膨胀和收缩特性的理解。在汽车发动机的效率分析中，发动机工作时，气体的膨胀和收缩特性直接影响其效率，通过理想气体状态方程，计算气体在不同温度和压力下的体积变化，从而优化发动机设计，提高效率。此外，空调系统的设计也依赖于对气体特性的理解，通过理想气体状态方程，能够确定在不同温度和压力条件下制冷剂的体积和压力变化，从而设计出更加高效的空调系统。实验数据的精确测量和分析，不仅能验证理论公式，还能为实际应用提供可靠依据。在实验教学中，通过设计不同条件下的实验，让学生获取更多的数据，进一步理解气体行为，进而将这些理论知识应用于解决现实世界中的工程问题，体现了物理实验在教学中的重要作用，利用磁通量变化率与感应电动势的关系表，学生可以了解法拉第电磁感应定律，通过实验数据进一步验证电磁感应现象，在探究中，记录磁通量变化率与感应电动势的对应值，并将数据绘制成图表，分析其线性关系，验证法拉第电磁感应定律。在某一实验中，若磁通量变化率从 0.05T/s 增加到 0.4T/s，感应电动势将从 0.25V 增加到 2.0V，数据表明，感应电动势与磁通量变化率成正比关系，通过线性拟合，得出比例常数，进一步验证电磁感应定律的准确性。

2. 培养学生将实验成果转化为创新产品或技术的能力

在物理实验教学中，教师通过多种方式鼓励学生将实验成果与实际应用相结合，从而培养学生的创新能力和技术应用能力，设计具有实际应用背景的实验项目是有效途径之一，能够使学生在实验过程中思考如何将理论知识转化为实际产品或技术。以太阳能电池的光电转换效率为例，学生在实验中通过测量不同材料和结构的电池板性能，分析影响效率的因素，并提出改进措施，在研究多晶硅、单晶硅和薄膜太阳能电池的光电转换效率时，学生利用实验数据绘制出不同材料在不同光照条件下的 I-V 特性曲线，从中找出效率的变化规律和主要影响因素。

教师应引导学生参与科研项目，使学生在真实的研究环境中进行探索和学习，在参与学校或社区的科技创新比赛中，学生基于所学的物理知识，设计和开发创新性项目，如利用太阳能电池板进行能量转换和存储的系统。在这个过程中，学生需要进行文献查阅、实验设计、数据采集和分析、结果讨论和报告撰写等多方面的工作，不仅能够提高学生的科学研究能力，还能够培养团队合作和沟通交流能力。在设计实验项目时，教师将相关的技术标准和行业规范引入教学过程，增强学生对实际应用的认识和理解，在太阳能电池效率测试中，学生需要了解国际电工委员会（IEC）标准中的光谱匹配、温度控制和辐照度均匀性等技术要求，从而提高实验数据的准确性和可靠性。

为了使学生更好地理解和应用所学知识，鼓励学生将实验结果以数据、表格和图表的形式进行展示和分析。学生利用 Excel 或 Python 等工具对实验数据进行统计分析和可视化处理，通过绘制散点图、柱状图和折线图等形式，直观地展示不同实验条件下的太阳能电池转换效率变化情况。学生在实验报告中通过公式和数据分析，定量讨论影响光电转换效率的各类因素，例如材料的带隙宽度、载流子寿命、表面反射率和接触电阻等，学生因此不仅能够加深对物理原理的理解，还能够掌握数据处理和分析的基本方法，为将来的科研工作打下良好的基础。

3. 激发学生在实验研究中的自主探索和应用能力

为了激发学生的自主探索和应用能力，教师应提供开放性的实验题目，鼓励学生提出自己的假设，并设计实验进行验证，在研究电磁感应现象时，学生提出假设，探讨磁场变化速度对感应电动势的影响，通过设计实验来改变磁场的变化速度、测量相应的感应电动势、验证法拉第电磁感应定律的正确性。在实验设计中，教师应注重学生实验技能的培养，包括实验操作的规范性、数据记录的准确性和分析的逻辑性。在进行电磁感应实验时，学生利用线圈、磁铁和电流计来设计实验。假设探讨磁场变化速度对感应电动势的影响，需要设法改变磁铁穿过线圈的速度，并测量相应的感应电动势。具体来说，学生可以使用不同重量的磁铁，通过自由下落或滑动轨道来控制磁场变化的速度。在记录数据时，学生应详细记录每次实验的具体操作步骤和环境条件，例如磁铁的质量、高度、线圈的匝数和电流计的灵敏度。为提高数据的准确性，学生还可以多次重复实验并取平均值，减小偶然误差的影响。

在数据分析过程中，应考虑到各种误差来源的影响，例如磁铁运动速度的控制误差、传感器的测量误差等。通过分析可能的误差来源，提出改进实验的方案，例如使用更高精度的传感器、更稳定的磁铁运动装置等。在进行数据分析时，学生利用公式 $\varepsilon = -N\dfrac{\Delta\Phi}{\Delta t}$ 计算感应电动势，其中 ε 表示感应电动势，N 表示线圈的匝数，$\Delta\Phi$ 表示磁通量的变化量，Δt 表示时间变化量。通过绘制磁场变化速度与感应电动势的关系图，学生可以直观地观察两者之间的关系，从而验证法拉第电磁感应定律。教师应鼓励学生在实验设计中展现创新思维，例如探索不同形状的线圈、不同材料的磁铁对感应电动势的影响，甚至设计更加复杂的实验装置来模拟实际应用中的电磁感应现象。

第四章　文化性物理课程的教学策略

第一节　物理文化的基础理论

一、物理文化概念解析

1. 物理文化的定义

物理文化作为一个学术概念，涵盖了物理学在其发展过程中所形成的独特文化现象和文化产品，物理文化包括物理学的理论体系、实验方法、科学精神以及与社会、技术、环境的相互影响。物理学的基本原理和定律构成了物理文化的组成部分，例如牛顿的运动定律、麦克斯韦方程组、爱因斯坦的相对论和量子力学的波动方程等，不仅深刻地影响了科学界，而且在社会各个领域得到了广泛应用。在物理学探索过程中，科学思维、科学方法和科学态度也是物理文化的重要内容，例如，伽利略通过倾斜平面的实验验证了自由落体运动的规律，体现了物理学中的实验验证方法；费曼路径积分的提出，展示了科学思维的创造力与创新性。物理学家的科学精神，包括严谨的实验设计、精确的数据处理和不懈的探索精神，构成了物理文化的核心价值观。

在物理文化的发展过程中，物理学的发展推动了技术的进步，从蒸汽机的发明到半导体技术的发展，再到量子计算的探索，物理学的理论与技术创新紧密结合，推动了人类社会的进步。电磁学的发展改变了人类的生产和生活方式；相对论的提出不仅深刻影响了现代物理学理论的发展，还在全球定位系统（GPS）的技术实现中得到了实际应用；环境科学中的气候变化研究、能源利用和环境保护等方面也依赖于物理学的基础理论和方法。在《中等职业学校物理课程标准》（2020 年版）中，明确指出物理学教育不仅要传授物理知识，还要培养学生的科学素养和创新能力，物理课程不仅注重理论教学，还强调实验教学和实践能力的培养，通过实验课、项目研究和科学探究等多种形式，使学生在学习过程中体验科学探究的乐趣，掌握科学研究的方法。通过设计和实施物理实验，学生可以直观地理解物理原理，提高动手能力和科学思维能力，物理文化在科普活动中也得到了广泛传播，通过科普文章、科普讲座和科学博物馆等形式，使公众了解了物理学的发展历程和科学精神，激发了人们对科学的兴趣和探索欲望。

2. 物理文化的分类

从内容上来看，物理文化可分为理论物理文化和实验物理文化，理论物理文化涵盖了物理学的理论框架和概念体系，包含牛顿力学、电磁学、量子力学等。通过公式和方程来描述自然界的规律，例如牛顿第二定律 $F=ma$ 和麦克斯韦方程组，还通过抽象的数学模型和概念体系，如波函数 $\psi(x, t)$ 在薛定谔方程中的应用，揭示了物质和能量的基本属性和相互作用机制。实验物理文化则侧重于物理学的实验验证、仪器设备和实验技术。例如，伽利略通过倾斜平面实验验证自由落体运动的规律，迈克尔逊—莫雷实验通过精密的干涉仪器揭示了光速的恒定性，不仅验证了物理理论，更推动了物理学的发展。实验物理文化包括现代的高能物理实验、粒子加速器和大型天文望远镜等，通过先进的实验设备和技术手段，人类能够探索宇宙的奥秘和物质的微观结构。

从功能上来看，物理文化可以分为教育性物理文化和应用性物理文化，教育性物理文化主要体现在教学和科学普及中，旨在通过物理学的理论和实验培养学生的科学素养和创新能力。在《中等职业学校物理课程标准》（2020 年版）中，强调了通过实验课、项目研究和科学探究等形式，让学生在实际操作中掌握物理知识和科学方法。应用性物理文化则体现了物理学在工程技术和日常生活中的应用，物理学的理论和实验方法被广泛应用于各个领域，从现代电子技术、通信技术到医疗成像技术等。例如，半导体技术的发展推动了电子产品的普及，相对论在 GPS 中的应用使得卫星导航更加精确，医学领域的磁共振成像（MRI）技术依赖于量子力学的基本原理，通过强磁场和射频波检测人体内部的详细图像。

3. 物理文化的历史发展

物理学作为一门自然科学，其文化的历史发展与人类对自然界的认识和探索密切相关，从古希腊哲学家对自然现象的哲学思考，到文艺复兴时期科学家们的实验研究，再到现代物理学的高速发展，物理文化逐渐形成了自己独特的体系和特点。在这一过程中，许多科学发现和技术发明，如牛顿的三大定律、麦克斯韦方程组、爱因斯坦的相对论等，都成为物理文化的重要组成部分。古希腊时期，亚里士多德和其他哲学家通过逻辑推理和哲学思考尝试解释自然现象，探索奠定了物理学的早期基础，随着时间的推移，物理学逐渐从哲学思辨转向实验验证和数学描述，文艺复兴时期科学革命的兴起标志着物理学进入了一个新的发展阶段。伽利略通过倾斜平面实验验证了自由落体定律，开创了现代实验科学的先河。牛顿在此基础上提出了三大运动定律和万有引力定律，以数学公式 $F = ma$ 和 $F = \dfrac{G(m_1 \cdot m_2)}{r^2}$ 精确描述了力与运动之间的关系，奠定了经典力学的基础。

19 世纪中叶，麦克斯韦通过实验和理论研究，将电场和磁场统一起来，提出了麦克斯韦方程组，方程以矢量形式描述了电磁场的行为，标志着电磁学的形成。麦克斯韦方程组不仅解释了电磁波的传播，预言了光是一种电磁波，为光学和电磁理论的发展提供了理论基础。20 世纪初，爱因斯坦提出的相对论彻底改变了人类对时空和引力的认识。狭义相对论通过公式 $E = mc^2$ 揭示了质量与能量的等价性，而广义相对论则通过场方程描述了引力作为时空弯曲效应的本质，这些理论在实验验证中得到了广泛支持，极大地推动了现代物理学的发展。

20 世纪普朗克提出了能量量子化概念，海森堡和薛定谔分别提出了矩阵力学和波动力学，通过波函数 ψ 和薛定谔方程描述微观粒子的行为，量子力学不仅解释了微观世界的许多现象，如电子在原子中的行为，还在技术应用中带来了巨大变革，如半导体技术和激光技术。现代物理学不仅限于理论研究，还在实验技术上不断取得突破。粒子加速器、强子对撞机等大型实验设备，使科学家能够深入探测微观粒子的性质和相互作用，推动了高能物理的发展。

二、物理文化的核心内涵

1. 科学精神的体现

科学精神是物理文化的核心，体现了物理学对客观世界的认识和探索的严谨态度。科学精神要求在面对物理现象时，坚持理性思考、实证分析和批判性质疑，不仅是物理学研究的基础，也是在教学中培养学生科学素养和创新能力的关键。在《中等职业学校物理课程标准》（2020 年版）中，强调了科学精神在物理教育中的重要性，旨在通过科学探究和实验实践，让学生深刻理解科学精神的内涵和意义。在物理教学中，培养学生的科学精神意味着鼓励他们对物理知识保持好奇心和求知欲，勇于探索未知，敢于挑战权威。在面对物理现象时，科学精神要求科学家和学生通过严格的实验设计和数据分析，实证验证理论和假设。例如，通过设计自由落体实验，测量不同物体的下落时间和速度，利用数据表格和图表进行分析，可以直观地理解重力加速度的概念和牛顿力学的基本原理。

科学精神不仅体现在对物理现象的实证分析上，还体现为对既有理论的批判性思考和质疑。科学史上许多重大发现和突破，往往源于对传统理论的质疑和挑战。例如，爱因斯坦在提出相对论时，正是通过对牛顿绝对时空观念的质疑，揭示了时间和空间的相对性，提出了著名的质能方程，不仅革新了物理学的基础理论，还通过实验验证得到了广泛认可，如迈克尔逊-莫雷实验对光速不变性的验证。量子力学的诞生同样是对经典物理学的挑战，普朗克提出能量量子化概念，海森堡的不确定性原理和薛定谔的波函数 ψ 的提出，揭示了微观粒子的波粒二象性，通过薛定谔方程描述微观粒子的行为，极大地推动了物理学的发展。

在物理学的教学过程中,通过设计和实施物理实验,学生可以在动手操作中体验科学探究的过程,理解科学原理,在研究电学现象时,通过制作简单的电路实验,测量不同电阻下的电流和电压变化,利用欧姆定律 $V=IR$ 进行计算和验证,培养了学生的实验技能和科学思维能力。通过表格和图表的形式展示实验数据的记录和分析,学生能够直观地理解实验结果和物理现象之间的关系,培养他们的数据处理能力和逻辑思维能力。

2. 科学方法的运用

科学方法包括观察、实验、假设、推论和验证等一系列科学研究。在物理教学中,应用科学方法有助于学生形成系统的科学思维,提高问题分析和解决能力。通过设计实验来验证物理定律,学生能够深入理解科学方法在解决实际问题中的应用。在《中等职业学校物理课程标准》(2020年版)中,强调了通过科学实验和探究活动培养学生的实验技能和科学思维,从而加深了学生对物理学原理的理解和应用。

观察是科学方法的起点,通过仔细观察自然现象或实验现象,学生可以收集数据和现象,形成问题的基础。观察自由落体运动时物体的加速度变化,可以启发学生思考重力对物体运动的影响。实验是科学方法的核心步骤之一,通过设计和进行实验,学生可以控制变量,验证物理学原理和定律。例如,设计简单的斜面实验来验证牛顿第二定律,通过测量不同斜度下物体的加速度,学生可以使用公式 $F=ma$ 进行计算,并与实验结果进行比较,从而理解力与加速度之间的定量关系。科学方法中的假设是对现象或问题的初步猜测或解释,通过理论分析和推论,提出假设并推导出可能的结论。通过对光的折射现象的理论分析,学生可以提出折射率与入射角之间的关系,并进行实验验证。推论是在观察、实验和假设的基础上进行的逻辑推理,通过推论,可以得出新的预测或理论结论。验证是科学方法的最后一步,通过实验数据的比较和分析,验证假设的正确性或错误性,使科学家能够确认理论的有效性和适用性,通过在实验室中进行精确的测量和数据记录,验证能量守恒定律在各种物理过程中的适用性。在物理教学中,学生通过实验验证物理定律,不仅能够理解科学方法的步骤，还能培养实验操作技能和数据处理能力，从而增强他们的科学素养和创新能力。

3. 科学态度的培养

科学态度是指在科学研究和学习中应持有的认真、严谨、客观和公正的态度。在物理文化的教学中，培养学生的科学态度是非常重要的任务，不仅有助于正确理解和应用物理学知识，也能够塑造他们成为具备批判性思维和创新能力的科学家和工程师。《中等职业学校物理课程标准》（2020年版）强调通过教学实践和科学探究活动，培养学生的科学态度，使其在面对物理现象和问题时能够保持严谨和客观。

科学态度要求学生对待科学知识一丝不苟，意味着学生在学习和探索物理学时，应该注重细节和精确性。在学习测量物体重量时，学生需要确保使用精准的称量工具，进行正确的称量和数据记录，以确保实验结果的准确性和可靠性，精益求精的态度不仅在实验室中很重要，在理论推导和数学计算中同样适用，学生需要通过严格的逻辑推理和计算验证，确保理论的正确性和适用性。科学态度要求学生对待科学探究实事求是，在物理学的学习过程中，通过实验和数据分析来验证物理学原理。例如，设计电路实验验证欧姆定律，需要实验数据来确定电流与电压之间的线性关系，从而验证欧姆定律的适用性，这种实事求是的态度不仅限于实验验证，还包括对理论假设和推论的审慎评估和验证。物理学作为一门科学，其发展离不开科学家们的探索和发现，但任何科学成果都会受到进一步实验和研究的挑战和修正，爱因斯坦的相对论虽然被广泛接受，但也经历了多次实验验证和理论修正，进一步深化了对时间和空间的理解。在物理文化的教学中，学生需要理解科学知识的动态性和不断发展的特性，保持开放的思维，愿意接受新的科学观点和证据，同时对已有的科学成果保持敬畏和谦卑的态度。

三、物理文化与教育的关系

1. 物理文化在教育中的作用

物理文化旨在提升学生的科学素养、激发他们的创新思维以及培养实践能力，通过学习物理文化，学生能够深入理解物理学的基本原理和科学方法，从而建立起系统完整的科学世界观。具体而言，《中等职业学校物理课程标准》（2020 年版）强调通过实验教学和探究性学习来培养学生的实验技能和科学思维能力，使他们具备分析和解决实际问题的科学能力。

学习物理文化不仅有助于学生掌握物理学的基本理论和定律，还能够深化他们对科学研究过程和规律的理解，通过设计实验验证牛顿运动定律，学生不仅能够运用力学公式进行精确计算，还能够理解力和加速度之间的定量关系，从而提高科学分析和实际问题解决能力。作为自然科学的分支，物理学涉及对自然规律的探索和解释，通过接触各种科学现象和问题，被鼓励提出新的假设和理论，并通过实验和数据分析来验证和修正。在学习光学时，学生会探索光的折射现象，并提出新的理论或实验方法来解释和探索折射率与入射角之间的关系，从而提高创新能力。物理学的学习不仅限于理论知识的掌握，还包括实验设计、数据收集和分析、结果解释等实际操作。通过实验教学和探究性学习，学生学会如何设计科学实验，选择合适的方法和工具，准确收集和处理实验数据，并进行科学分析和解释。通过设计简单的电路实验验证欧姆定律，学生不仅学会使用电表和电阻器进行电流和电压的测量，还能够分析实验数据并得出符合理论预期的结论。

2. 物理文化对教学的影响

物理文化对教学的影响是多维度的，涉及教学内容的深度与广度，教学方法的创新与实践，以及教学评价的全面性与科学性。在教学内容方面，融入物理学史和物理学家的科学精神，可以丰富学生的知识结构，提升他们对物理学发展脉络的认识。通过介绍牛顿的力学定律和爱因斯坦的相对论，学生不仅学习到具体的物理知识，还能感受到科学家们追求真理的精神。教学方法上，强调学生的主动参与和实践操作，如设计实验和项目学习，使学生在实践中深化对物理概念的理解。例如，在探究牛顿第二定律 $F = ma$ 时，通过实验测量不同质量物体在受力后的加速度，从而直观地理解力、质量和加速度之间的关系。此外，教学评价应综合考量学生的科学素养和创新能力，采用多元化的评价手段，如实验报告、项目展示和实际操作测试等，以全面评估学生的学习效果。在教学内容的设置上，引入物理学的重要公式和原理，如通过 $E = mc^2$ 揭示质量与能量的等价性，让学生认识到物质与能量之间的深刻联系。同时，引入物理学的跨学科应用，在讨论电磁学时，引用麦克斯韦方程组来描述电磁场的相互作用，并通过实验演示电磁感应现象，让学生理解法拉第电磁感应定律 $E = -\dfrac{\mathrm{d}\varPhi}{\mathrm{d}t}$ 的应用。在教学方法上，设计问题导向的教学活动，鼓励学生提出问题并自主寻找解决方案，如在探讨光电效应时，引导学生通过实验测量不同频率光照射下光电子的动能，进而推导出光子的能量公式 $E = hf$，并讨论光电效应对现代光电技术的影响。教学评价方面，建立综合评价体系，不仅要评价学生对物理知识掌握的深度和广度，还要评价实验技能、科学思维和创新能力。通过设计综合性的物理实验项目，学生从实验设计、数据收集、结果分析到报告撰写的全过程中，展示实践能力和创新思维。评价标准包括实验设计的创新性、数据分析的准确性、结论的合理性以及报告的表达能力等。

3. 物理文化的传播途径

物理文化的传播涵盖课堂教学、科普活动以及科技竞赛等多种形式，学校在推广物理文化方面，充分利用各类资源和平台，如科技馆、博物馆以及科研机构等，为学生提供广泛接触和深入学习物理文化的机会，不仅展示了物理学的历史和发展，还通过实物展示、交互式展览和模型演示等方式，生动地呈现了物理现象和科学原理，激发了学生的兴趣和好奇心。教师在教学过程中通过课堂讲授、案例分析以及实验演示等方式，将物理文化的知识和精神传授给学生，通过展示光学干涉实验，教师帮助学生理解光的波动性质和干涉现象的原理，从而加深对物理学理论的理解和应用能力，利用科技竞赛和科普活动，鼓励学生深入探索和应用物理学知识，例如设计和制作物理模型或参与物理实验设计比赛，从而培养学生的创新能力和团队合作精神。

第二节　文化性物理课程的内在价值

一、课程内涵的深度解读

1. 课程内涵的理解

理解课程内涵是构建文化性物理课程的基础，内涵的理解涉及对物理学基本概念、原理和方法的深入探讨，以及这些概念和原理在文化、历史和社会背景下的解读。举例来说，牛顿的运动定律不仅是对物体运动的基本描述，更反映了科学革命时期对自然规律探索的深刻意义。通过历史案例的引入，如著名的牛顿与苹果的故事，使学生更加深入地理解物理学与文化融合的本质，不仅展示了牛顿如何通过观察苹果的落下而得出引力定律，还凸显了科学发现背后的探索精神和文化意义。此外，课程内涵的理解还包括对物理学在不同文化中表现方式的探讨。例如，在中国古代的《墨经》中，对光学现象的描述体现了早期对光传播和反射规律的理解，古代文献不仅记录了科学知识的早期积累，也反映了当时文化环境下对自然现象解释的努力和思考。古希腊哲学家们对宇宙的理论探讨，如柏拉图和亚里士多德的天文学理论，展示了对宇宙结构和运动规律的深刻思考，在其时代的哲学和文化中具有重要的地位和影响力。

2. 课程内涵的拓展

课程内涵的拓展要求教师在教学中不断引入新的视角和内容，以适应时代发展和学生需求的变化，拓展不仅限于传统物理学的基础知识和理论，还包括引入现代物理学的前沿进展，如量子力学和相对论，以更新学生的知识结构和理论框架。量子力学的引入不仅能够使学生了解微观世界的奇妙现象和量子态的特性，还能够挑战他们对经典物理世界的传统认知，培养他们接受和理解新理论的能力。同时，课程内涵的拓展也意味着将物理学与其他学科领域进行跨学科的融合，将物理学与哲学、艺术和环境保护等领域结合起来，探讨之间的交叉点和互动关系。通过讨论量子纠缠现象与哲学中的因果律问题，教师可以引导学生深入思考科学发现如何挑战传统的哲学观念，以及量子力学如何在思维方式和认知模式上带来革命性的改变。课程内涵的拓展通过案例分析和实例讨论来进行，探讨物理学在环境保护中的应用，如利用物理原理解决环境污染问题或提高能源利用效率，不仅增加了学生对物理学在实际问题中的应用理解，还培养了学生的环境意识和可持续发展的观念。

3. 课程内涵的应用

课程内涵的应用旨在通过实践活动，将理论知识转化为解决实际问题的能力，这一过程对于学生的全面发展至关重要。在中职物理教学中，教师设计基于物理学原理的实践活动，如太阳能热水器的设计项目，学生能够将热力学和流体力学的知识应用于实际的能源效率提升中。例如，通过计算太阳能热水器的集热面积 A_{col}，学生可以利用公式 $Q_{col}=A_{col} \times I_{sol} \times \eta$ 来确定在特定日照强度 I_{sol} 和集热效率 η 下能够收集到的太阳能量 Q_{col}。此外，学生还需考虑热水器的保温性能，计算热损失 Q_{loss}，并选择合适的保温材料，以减少热量的散失。课程内涵的应用还体现在培养学生的创新意识和实践能力上。通过参与科学竞赛和创新实验，学生被鼓励解决现实世界中的问题，这不仅加深了他们对物理学的理解，还提升了他们的综合素质。例如，在探讨光电效应时，学生可以通过实验测量不同频率光照射下光电子的最大动能 E_k，并应用爱因斯坦光电效应方程 $E_k = hv - w_o$ 来确定不同材料的功函数 φ_0 大小，通过实践活动，学生能够更深入地理解光电效应原理，并掌握科学探究的方法。

在教学过程中，教师应重视学生创新性思维的培养，鼓励学生提出创新的想法和解决方案。在设计新型传感器的实验中，学生可以探索不同的结构设计和材料选择，以优化传感器的性能。通过实验测试和数据分析，评估不同设计方案对传感器性能的影响，并提出改进措施。课程内涵的应用还需要教师在教学中融入跨学科的知识，解决物理问题。在研究热力学性质的实验中，学生结合化学平衡和生物代谢的知识来分析温度对反应速率的影响，通过设计实验来测量不同温度下的酶活性，并利用阿伦尼乌斯方程 $k = Ae - \dfrac{E_a}{RT}$ 来分析温度对反应速率的影响，学生能够深入理解温度对生物系统的影响，并探索热力学在生命科学中的应用。

二、课程价值的多维解析

1. 课程价值的体现

通过学习物理学的基本原理和概念，学生能够深入体验到科学探索的过程，从中领悟到科学方法的严谨性和科学定律对自然界描述的精确性及普适性。除了对科学精神的培养，文化性物理课程的价值还在于其对科学思维的塑造。物理学的学习要求学生具备逻辑推理、抽象思维和创新思维的能力，这些思维方式对于学生解决复杂问题具有重要的意义。例如，在学习电磁学中的麦克斯韦方程组时，学生需要运用数学工具进行精确的分析和解决问题，这不仅帮助他们理解了电磁场的产生和变化规律，还促使他们形成了系统化的科学思维方式。通过这些学习过程，学生逐步培养出对于数据分析、模型构建和实验设计的技能，从而提升他们在解决实际问题时的能力和自信心。

2. 课程价值的创新

文化性物理课程的价值在于其对科学精神的培育和科学思维的塑造，这一点在中职物理教学中尤为重要。课程通过介绍物理学的基本原理和概念，如牛顿运动定律 $F = ma$ ，不仅让学生掌握了力与加速度之间的量化关系，更深刻地理解了科学定律在描述自然界现象时的精确性和普适性，对科学原理的深入理解，有助于学生建立起对科学方法的尊重和热爱，从而培养出严谨的科学态度和探索精神。

在科学思维的塑造方面，物理学的学习促使学生运用逻辑推理、抽象思维和创新思维。例如，在电磁学领域，麦克斯韦方程组 $\nabla \cdot E = \dfrac{\rho}{\varepsilon_0}$ ，$\nabla \times E = -\dfrac{\partial B}{\partial t}$ ，$\nabla \cdot B = 0$ ，$\nabla \times B = \mu_0 J + \mu_0 \varepsilon_0 \dfrac{\partial E}{\partial t}$ ，作为描述电磁场行为的基础理论，要求学生能够运用数学工具进行分析和求解。通过这样的学习过程，学生的系统思维和逻辑推理能力得到了锻炼和提升。

课程的内在价值还体现在对科学创新的鼓励上，通过设计创新性的实验和项目，教师激发学生的好奇心和探索欲，促使他们运用所学的物理概念进行创新性思考和实践，在研究太阳能电池的光电转换效率时，学生通过实验测量不同材料和结构的电池板性能，分析影响效率的因素，并提出改进措施。基于问题的学习活动，不仅能够提高学生的科学探究能力，还能够培养他们的批判性思维和创新能力。文化性物理课程的内在价值还表现在其对科学与社会关系的探讨上，通过分析物理学在技术发展和社会进步中的作用，学生能够认识到科学知识的实际应用价值。在讨论能源问题时，学生可以学习到不同类型的能源转换方式，如化学能转换为热能、太阳能转换为电能等，并通过计算能源转换效率 $\eta = \dfrac{E_{\text{out}}}{E_{\text{in}}}$ 来评估不同能源转换技术的效率和环境影响。

3. 课程价值的推广

课程价值的推广涉及将物理学的理念和方法应用于更广泛的教育和社会实践中，通过与其他学科的交叉融合，为学生构建了一个更为全面的知识体系，从而丰富了学习体验。此外，物理学与生物学的交叉可以揭示生物系统中的物理机制，如通过研究细胞膜上的离子通道，学生可以应用电生理学原理来解释神经信号的传导。在推广课程价值的过程中，学校应与企业建立合作关系，为学生提供参与技术研发和创新项目的机会，合作不仅能提升学生的职业技能，还能促进物理学知识在社会中的实际应用。例如，通过参与企业的新型材料研发项目，学生可以运用物理学原理来优化材料的电磁特性，从而满足特定工业应用的需求。科研机构和政府部门也应参与到课程价值的推广中来，科研机构可以提供最新的研究成果和研究方法，帮助学生了解物理学在前沿科学中的应用。政府部门则可以通过政策支持和资金投入，鼓励学校和企业开展合作，推动物理学教育与社会需求的紧密结合。课程价值的推广需要利用现代信息技术，通过在线学习平台和虚拟实验室，学生可以随时随地访问丰富的学习资源，进行互动式学习，技术的应用不仅提高了教学的灵活性和可及性，还为学生提供了模拟实验和虚拟操作的机会，从而加深了他们对物理概念的理解和应用。在实践中，课程价值的推广通过组织科学竞赛和创新项目来实现。通过活动，学生将所学的理论知识应用于解决实际问题中，同时培养团队合作和创新思维。

三、课程实施的策略探讨

1. 课程实施的原则

课程实施应遵循适应性和创新性原则，适应性原则强调教学活动必须符合中职学生的认知特点和职业需求。中职学生通常具有实际操作能力强、对实用知识和技能需求高的特点，因此教学内容和方法应与学生的实际经验和未来职业发展密切相关。例如，教学可以结合实际案例和行业应用，让学生通过实验操作或解决实际问题来理解和应用物理学知识，从而增强他们的学习动机和学习效果。创新性原则鼓励教师采用新颖的教学方法和手段，以激发学生的学习兴趣和创新思维。在教学实施中，教师可以引入现代技术工具，如模拟软件、虚拟实验平台等，或者采用项目驱动的学习方式，让学生在实际问题的解决中体验物理学的应用和创新过程。这种方式不仅能提升学生的学习参与度和自主学习能力，还能培养他们解决问题和团队合作的能力，为其未来职业发展打下坚实基础。课程实施还应关注学生个性化的学习需求，通过差异化教学策略来满足不同学生的学习节奏和风格，涉及提供不同层次的学习材料、采用多样化的教学活动，或者根据学生的学习进度和反馈来调整教学计划。对于理论基础较弱的学生，教师可以提供额外的辅导和补充练习，而对于操作技能较强的学生，则可以安排更复杂的实验任务和项目设计。

2. 课程实施的方法

课程实施的方法应包括情境教学、项目式学习和综合实践活动，共同为学生提供深入学习和实践物理学知识的机会。情境教学通过模拟真实的物理现象和应用场景，使学生能够在具体情境中直观地理解和应用物理概念。例如，教师可以设计一个关于机械能守恒的情境教学活动，让学生通过模拟不同高度的物体自由落体实验，观察和分析动能、势能和机械能守恒的关系，从而深入理解这一物理原理的应用和实际意义，如表4-1所示。

表 4-1　机械能守恒实验数据

高度（m）	势能能量（J）	动能能量（J）	总机械能（J）
2.0	19.6	0	19.6
1.5	14.7	4.9	19.6
1.0	9.8	9.8	19.6
0.5	4.9	14.7	19.6
0	0	19.6	19.6

项目式学习要求学生参与到具有实际意义的物理项目中，通过团队合作和实践操作，不仅能够深入掌握物理知识和技能，还能够培养解决问题和团队协作的能力。举例来说，教师可以组织学生设计和制作一个简单的电磁感应装置，让学生亲身体验安培环路定理和法拉第电磁感应定律的应用，通过实验探索电磁感应的原理和影响因素。综合实践活动则要求学生将所学知识应用于解决跨学科问题中，从而培养其综合运用知识的能力。教师组织学生参与一个关于能源转换与可持续发展的综合实践项目，让学生结合物理学的能量转换原理与环境保护的相关知识，提出并实施能源效率改进方案，从而促使学生在实际应用中理解物理学知识的重要性。

3. 课程实施的评价

在中职物理教学中，评价体系的设计需综合运用过程评价和结果评价两种方式，以全面考查学生的学习效果。

过程评价着重于学生在学习过程中的表现，涉及学生的参与度、合作精神和探究能力。通过观察记录、自我评价和同伴评价等多样化的评价手段，教师以实时监测学生的学习进展和课堂表现。在探究活动中，教师记录学生在小组讨论中的发言次数和质量，以及在实验设计和操作中展现的创新思维和批判性思考能力。结果评价则侧重于学生的学习成果，包括理论知识的掌握、实验技能的熟练程度和创新项目的完成质量。通过考试、实验报告和项目展示等形式，教师可以系统地评估学生对物理概念的理解、实验操作的准确性和创新项目的实用性。在测量物体加速度的实验中，学生需要应用加速度公式 $a = \dfrac{\Delta v}{\Delta t}$ 来处理实验数据，教师根据学生对公式的应用能力进行定量评价。

为构建全面的评价体系，教师设计包含定量和定性两个方面的评价标准，定量评价通过具体的实验数据准确性、计算题解题能力等参数来衡量，如在验证牛顿第二定律的实验中，通过测量不同质量的物体在受力后的加速度，学生需要应用 $F = ma$ 公式来分析力与加速度的关系，教师可以依据学生的数据记录和分析过程来评价其实验技能。

定性评价则关注学生的科学态度、创新思维和团队合作精神，教师通过观察学生在课堂讨论和小组活动中的表现，以及通过学生的自我反思报告来评估其学习态度和团队协作能力；通过学生在项目设计中的创意、实验方法的创新性以及对实验结果的深入分析来评价学生的创新能力。课程实施的评价还应包括对教学方法和教学内容的反馈，通过学生的反馈来评估教学方法的有效性和教学内容的适宜性，及时调整教学策略以满足学生的学习需求。

第三节　文化性物理课程的构建与设计

一、课程目标的设定

1. 总体目标的确定

总体目标是文化性物理课程实施的指导方针，直接反映了教育的最终目的和预期成果。在文化性物理课程中，总体目标主要集中在培养学生的物理学科核心素养，其中包括科学精神、科学方法、科学态度和社会责任。目标的设定旨在确保学生能够深入理解物理学的基本原理和概念，掌握科学探究的方法，并具备在日常生活和职业生涯中应用这些知识和技能的能力。

文化性物理课程通过培养科学精神，旨在激发学生对自然现象的好奇心和探索欲望。科学精神要求学生以理性思维和实证分析的方式对待物理现象，从而深入理解其背后的科学原理和规律。在学习牛顿力学时，学生通过分析物体运动的规律和力学原理，不仅理解了牛顿运动定律的具体应用，还培养了对物理学科研究的兴趣和热情。课程目标包括培养学生的科学方法论，即科学探究的方法和策略。通过实验设计、数据分析和结论推导等实践活动，学生能够掌握正确的科学研究方法，提高解决问题和提出假设的能力，在电磁学领域，学生通过实验验证麦克斯韦方程组，不仅学会了应用数学工具进行物理现象的分析，还能够理解科学研究中理论与实验的互动关系。此外，文化性物理课程的总体目标包括塑造学生的科学态度和社会责任感。科学态度要求学生在面对科学知识和技术应用时，具备谨慎、客观、负责任的态度，能够审慎评估科学成果的真实性和影响力。同时，课程也强调学生对科学发展、对社会的影响及其责任。例如，通过讨论科学技术在环境保护和可持续发展中的应用，学生能够意识到自己作为未来公民和专业人士的社会责任，并学会将科学知识与社会实践相结合。

2. 阶段目标的分解

在中职物理教学中阶段目标将总体目标细化为具体的操作步骤，以适应不同学习阶段学生的学习进度和认知发展水平，分解目标有助于确保教学内容和方法与学生的实际能力和需求相匹配，为他们提供适当的学习挑战和支持。

在初级阶段，阶段目标主要集中在帮助学生建立物理学的基础概念和理解基本的实验技能。通过探索简单的物理现象和实验操作，如测量简单物体的运动和力学规律，逐步培养他们对物理学科的兴趣和理解。例如，学习牛顿的运动定律时，通过简单的实验探究物体的运动轨迹和力的作用，帮助学生理解力与加速度之间的关系，这为后续学习打下了坚实基础。在中级阶段，阶段目标则更加注重学生科学方法的应用和问题解决能力的培养。学生不仅需要掌握更复杂的物理理论和实验技能，还需要学会运用逻辑推理和数据分析解决具体问题。在学习电磁学时，学生需要通过实验验证麦克斯韦方程组，从而深入理解电场和磁场之间的相互作用，以及电磁波的产生和传播规律。这个阶段的目标是培养学生独立思考和解决复杂物理问题的能力，为他们未来的学术和职业生涯做好准备。到了高级阶段，阶段目标则进一步强调综合应用能力和创新思维的培养。学生不仅需要掌握全面的物理知识，还需要将这些知识应用于解决实际问题和进行创新研究中。例如，在讨论能源转换和可持续发展时，学生通过项目式学习或综合实践活动，设计和优化太阳能电池板的效率，考虑环境因素对能量转换效率的影响。阶段的目标是培养学生在跨学科和实际应用中展示出的创新能力和领导才能，为他们未来在工作岗位上的成功提供支持。

3. 具体目标的制定

在文化性物理课程中，具体目标的制定是实现教学计划的基础，其详细阐述了学生在各个学习阶段应达到的标准。目标不仅指导教学活动的设计与实施，而且确保教学内容与学生的学习需求和社会发展相适应。

具体目标的制定关注于知识的掌握，学生应理解并能够应用牛顿运动定律 $F = ma$ 来分析力和加速度之间的关系。这要求学生通过实验验证这些定律，并能够通过数据收集和分析来得出科学结论。在实验中，学生可能需要测量不同质量物体在受力后的加速度，以验证 $a = \dfrac{F}{m}$ 的关系。学生通过实践活动，如科学实验和项目设计，来提高他们的操作技能和数据分析能力。例如，在研究能源转换效率时，学生需要掌握测量技术，能够计算不同能源转换装置的效率 $\eta = \dfrac{E_{\text{out}}}{E_{\text{in}}}$，并分析影响效率的因素。通过学习物理学，学生应发展科学探究的热情和对环境保护的责任感。例如，通过研究太阳能和风能等可再生能源技术，学生不仅学习到了相关的物理原理，而且培养了对可持续发展的认同和支持。

在制定具体目标时，教师需要确保这些目标的逻辑性和连贯性，既符合教学大纲的要求，又能够激发学生的学习兴趣。教师可以让学生逐步掌握复杂的物理概念和技能。同时，教师还应考虑学生的个性差异，提供多样化的学习路径，以满足不同学生的学习需求。教师还应关注社会和职业发展的趋势，确保课程目标的相关性和前瞻性。例如，随着科技的发展，新的物理应用领域不断涌现，教师应引导学生探索这些领域，如纳米技术、量子计算等，并讨论它们对社会的潜在影响。

二、课程内容的选取

1. 内容选择的标准

课程内容的选择标准确保了教学内容的科学性、教育性和时代性，科学性作为基础标准，要求课程内容严格依据物理学的基本原理和经过验证的科学发现；教育性标准强调内容应与教学目标相一致，旨在促进学生认知结构的发展和关键能力的培养，如通过实验探究活动让学生掌握科学方法；时代性标准则确保课程内容与当代科技进步和社会需求保持同步。随着科技的快速发展，现代物理学的前沿领域，如半导体物理中的量子效应、纳米技术中的尺寸效应，都应被纳入课程内容，不仅有助于学生了解物理学在现代科技中的应用，而且能够激发他们对科学探索的兴趣。

课程内容的组织应遵循逻辑性和连贯性原则，使学生能够系统地掌握知识，从牛顿力学的基础概念出发，逐步引导学生学习更高级的主题，如热力学、电磁学和量子力学。内容的组织还应考虑多样性，以适应不同学习风格的学生，包括理论讲授、实验操作、案例分析和项目研究等多种形式。课程内容的更新机制是保证教学内容持续适应时代发展的必要条件，通过定期审查和修订课程内容，确保引入最新的科学发现和技术创新，随着可再生能源技术的兴起，课程增加太阳能和风能转换效率的内容，让学生通过实验测量和数据分析，了解这些技术背后的物理原理。

2. 内容组织的方式

课程内容的组织是文化性物理课程设计中的重要环节，决定了学生学习体验的质量和教学目标的实现程度。组织方式的逻辑性、连贯性和多样性是确保课程内容有效传递给学生的关键因素。逻辑性在课程内容组织中表现为由基础概念到复杂理论的逐步深入，确保学生能够在已掌握知识的基础上，逐步构建新的知识点。从牛顿运动定律的基本形式开始，逐步引导学生理解动力学的高级主题，如动量守恒和能量转换，使用公式 $E_k = \frac{1}{2}mv^2$ 和 $p = mv$ 来描述物体的运动状态。连贯性则体现在课程内容的内在联系上，各个教学单

元和主题之间应相互支撑，形成一个统一的知识体系，在讲解电磁学时，可以从库仑定律 $F = k \dfrac{|q_1 q_2|}{r^2}$ 开始，逐渐过渡到电场、磁场的概念，最终引入麦克斯韦方程组，使学生能够看到从静电学到电磁场理论的自然过渡。多样性则要求课程内容的呈现形式丰富多变，以适应不同学生的学习风格。这包括案例研究、实验操作、理论探讨、小组讨论、角色扮演等多种形式。此外，课程内容的组织还应考虑到学生的认知差异，提供不同层次的学习材料，以满足不同能力水平学生的需求，对于基础较弱的学生，提供更多的指导和练习，而对于基础较好的学生，则可以提供更具挑战性的探究项目和研究课题。

3. 内容更新的机制

课程内容更新的机制确保了课程内容能够及时反映物理学领域的最新进展和社会发展的需求，以适应不断变化的教育环境和职业市场。课程内容的更新应基于系统的审查流程，包括对现有课程内容的持续评估和必要的修订。学校可设立专门的课程审查委员会，由教师、行业专家、学生代表以及教育行政管理人员组成，共同负责课程内容的审查工作。委员会定期召开会议，对课程的教学大纲、教学方法、学习材料和评估标准进行全面评估。课程内容的更新应依据与科研机构和企业的紧密合作，通过建立校企合作关系，学校可以及时获取行业的最新动态和技术进步信息，在半导体技术迅速发展的背景下，课程可以增加有关新型半导体材料的教学内容，让学生了解这些材料的电子特性和制造工艺，以及它们在现代电子设备中的应用。通过定期收集和分析学生的意见和建议，教师可以了解学生对课程内容的掌握情况和兴趣点，进而调整教学策略和内容，使之更加符合学生的学习需求和职业发展目标。

为了实现课程内容的动态更新，学校可以采用灵活的教学资源管理策略，利用数字化教学平台，教师可以快速更新教学材料，添加最新的研究论文、技术报告和案例研究。此外，教师还可以利用在线教育工具，如模拟软件和虚拟实验室，为学生提供更加丰富和互动的学习体验。课程内容更新的机制还应包括对教学效果的持续监测和评估，通过定期进行教学效果评估，如学生学习成果的测试、教学满意度调查和毕业生就业情况跟踪，学校了解课程内容是否达到了预期的教学目标，并据此进行必要的调整。

第五章　不同物理课型的教学实施策略

第一节　作为先行组织者的序言课教学

一、序言课的教学目标

1. 激发兴趣的目标

在中等职业学校物理课程的序言课中，教师需确立明确的教学目标，以激发学生对物理学科的兴趣。为此，教师应精心挑选与学生日常生活紧密相关的物理现象或问题，作为教学内容的切入点。例如，力学部分的教学可以从学生熟悉的运动中的汽车、跳跃的篮球等场景出发，通过这些生动的实例，唤起学生对物理现象的好奇心和探索欲。在此基础上，教师可以运用多媒体教学工具，如视频、动画和实验演示等，将抽象的物理概念以直观、形象的方式呈现给学生，从而提高教学内容的吸引力和理解性。通过这种教学策略，学生不仅能够感受到物理学的趣味性和实用性，还能在轻松愉快的氛围中建立起对物理学科的初步认识，为后续深入学习打下良好的基础。在教学过程中，教师应避免使用可能造成学生理解障碍的非专业术语，确保语言的科学性和严谨性，同时注意教学内容的连贯性，使学生能够在逻辑上自然地从一个概念过渡到另一个概念，形成完整的知识体系。

2. 建立背景的目标

为了帮助学生更好地理解即将学习的内容，序言课需要提供必要的背景信息。背景信息包括物理概念的历史发展、应用领域及与其他学科的联系等。通过背景介绍，学生能够更全面地理解物理知识，并认识到其在现实世界中的实际价值和广泛应用。例如，在引入电磁学的教学之前，教师可以概述电磁学的发展史，从奥斯特发现电流磁效应到法拉第的电磁感应定律，再到麦克斯韦的电磁场理论，让学生了解这些基础理论是如何逐步建立起来的。同时，教师还可以展示电磁学在现代通信技术、医疗设备、能源开发等多个领域的实际应用，让学生认识到物理学不是孤立的学科，而是与技术进步和社会发展紧密相连的。通过这种教学方法，学生不仅能够获得必要的背景知识，还能够激发他们对物理学科的兴趣，增强学习动力，为深入学习物理概念和原理奠定坚实的基础。教学过程中，教师应确保信息的准确性和逻辑性，避免使用非专业术语，确保学术用语的规范性，同时注意教学内容的连贯性，使学生能够顺畅地理解物理知识的内在联系。

3. 预设问题的目标

除了激发学生兴趣和建立知识背景，序言课还承载着预设问题的目标，旨在通过提出引人思考的问题，激发学生的思维，促进他们主动探究和深入学习。在引入牛顿运动定律的教学之前，教师可以通过提出一些基础而深刻的问题，如物体为何会逐渐停止运动，或者在无外力作用下物体是否会持续运动等，这些问题能够引发学生的好奇心和求知欲。这样的问题预设不仅能够帮助学生建立起对即将学习内容的初步认识，而且能够引导他们以批判性思维和探究性学习的态度，进入更深层次的学习过程。

通过预设问题，学生在教师的引导下，能够逐步学会如何提出问题、分析问题并寻找解决问题的方法。主动探究的过程有助于学生形成科学的思维方式和解决问题的能力，为终身学习奠定坚实的基础。在教学过程中，教师应确保问题的设置既能够引起学生的兴趣，又能够与课程内容紧密相关，同时避免使用可能造成学生理解障碍的非专业术语，确保使用准确、规范的学术用语，以保证教学内容的严谨性和科学性。教学内容的安排应注重逻辑性和连贯性，使学生能够在一个清晰、有序的知识体系中进行学习，从而更有效地达到教学目标。

4. 导入新课的目标

在中等职业学校物理课程的序言课中，教师需确保教学目标的全面性，其中之一便是实现新旧知识的顺畅衔接。这一目标要求教师在课程设计中巧妙安排，使学生能够在已有知识的基础上，逐步深入新知识的学习。例如，在引入光学领域的新课题时，教师可以先带领学生回顾光的反射和折射等基础知识，然后在此基础上，引入光的干涉和衍射等更深层次的概念。由浅入深的教学方法不仅有助于学生巩固和拓展已有的知识结构，而且能够促进他们对新知识的理解和掌握。通过这样的教学设计，学生能够在教师的引导下，逐步建立起对物理现象全面而深入的认识。这种渐进式的学习过程，有助于学生形成系统化的知识体系，提高学习效率和质量。同时，教师在教学过程中应注重教学内容的逻辑性和连贯性，确保学生能够在一个有序的知识框架内进行学习。此外，教师还需使用准确、规范的学术用语，避免技术性错误，确保教学内容的科学性和严谨性。

二、序言课的设计原则

1. 简明扼要的原则

序言课的设计应简明扼要、突出重点，不应过于复杂。教师需要在有限的课堂时间内，高效地传达教学内容，确保学生能够集中注意力并取得良好的学习效果。教学内容的安排应当直接而精练、突出重点，避免冗长的理论阐述和复杂的数学推导，以适应学生的认知水平和接受能力。根据《中等职业学校物理课程标准》（2020 年版）的指导，序言课的设计应控制在 20~30 分钟，以维持学生的注意力并提高学习效率。在这段时间内，教师需精心挑选和组织教学内容，确保每个知识点都能被学生清晰理解。教学活动的设计也应简洁明了，使学生能够在参与中快速把握物理概念的本质。

此外，教师在设计序言课时，应充分考虑学生已有的知识和经验，将新知识与学生的认知结构相衔接，从而促进知识的内化和应用。同时，教师应使用准确、规范的学术用语，确保教学内容的科学性和严谨性，避免技术性错误。通过这样的教学设计，学生不仅能够在序言课中建立起对物理学科的初步认识，而且能够激发他们对即将学习内容的兴趣和期待，为后续深入学习打下坚实的基础。

2. 趣味性强的原则

《中等职业学校物理课程标准》（2020 年版）强调，序言课应作为先行组织者，为学生提供即将学习的主题的概览，同时激发他们的学习兴趣。为此，序言课的设计必须遵循一定的原则，其中之一便是趣味性强的原则。趣味性强的序言课能够吸引学生的注意力，使学生在轻松愉快的氛围中预热即将学习的内容。教师可以通过多种方式实现这一点，比如设计富有创意的实验、播放相关主题的视频短片或者讲述物理学家的生平故事等。以力学教学为例，教师可以安排一个关于弹簧振子运动的实验，让学生亲自观察并分析力和位移之间的关系。这样的实验不仅能直观展示物理概念，而且能使学生通过亲身体验更加深刻地理解抽象的力学原理。

除了实验，教师还可以利用多媒体资源，如动画和视频，来展示物理现象，这些视觉和听觉元素往往比单纯的口头讲解更能激发学生的兴趣。通过这些生动的教学手段，学生可以在视觉和听觉上得到双重刺激，从而更好地记忆和理解物理知识。此外，教师还可以利用游戏化学习的方法，将物理知识点融入游戏中，让学生在游戏中学习和应用物理知识，让学生在竞争和合作中体验学习的乐趣，同时也能够培养他们的团队协作能力。通过角色扮演、猜谜游戏等形式，学生可以在模拟的情境中应用物理原理，这样的活动不仅增加了课堂的互动性，还能够提高学生的参与度。

3. 关联性的原则

序言课的设计应当紧密联系学生的已有知识和生活经验，以便于学生能够在现有认知基础上扩展和深化理解。以热力学为例，教师可以从学生日常生活中常见的现象出发，如热水瓶的保温原理或是冰箱的制冷机制，引导学生探讨背后涉及的物理概念。另外，教师需要深入了解学生的先验知识，识别哪些是与新课程内容相关的，然后在序言课中加以利用。这可以通过问卷调查、前测或其他形式的反馈收集来完成。一旦确定了学生的起点状态，教师就可以设计出更有针对性的教学活动，将新知识与学生的经验相联系。例如，在讲解热传导时，可以通过比较不同材质的导热性能，让学生观察和讨论为什么某些材料更适合于保温或制冷，从而引出热量传递的基本原理。同时，教师还可以利用案例研究，将抽象的物理概念与实际应用相结合。通过分析真实的工程案例或日常生活中的实例，学生可以更好地理解物理定律的实际应用，如空调系统的运作原理或热交换器的设计。关联性的教学方法不仅增强了学习的相关性，还促进了学生对物理知识的应用能力。教师应当确保序言课与后续课程的内容连贯性，避免造成知识断层。序言课不仅要介绍即将学习的主题，还要为后续课程的深入学习作准备。

4. 导向性的原则

以导向性原则为核心的序言课设计，旨在为学生铺设一条清晰的学习路径，激发他们的探究欲望，并培养其自主学习和创新思维的能力。

序言课的设计应当紧密围绕教学目标，确保其内容与后续课程内容相契合，为学生提供一个坚实的知识基础。在电学知识的教学前，教师可以通过提出"电流是如何产生的"以及"电流的强度受哪些因素影响"等问题，来激发学生的好奇心和求知欲。这样的问题设置不仅能够吸引学生的注意力，还能够引导他们主动收集信息、进行实验探究，从而逐步构建起对电学知识的系统理解。

为了实现有效的导向性，序言课的内容选择需精心策划，使之既能引起学生的兴趣，又能为后续深入学习打下基础。教师应挑选那些既基础又关键的概念，通过引入生动的实例或生活现象，使学生感受到物理知识的实际应用价值。例如，在介绍电磁感应时，可以通过展示电动机的工作原理，让学生理解磁场与电流之间的关系，从而激发他们对物理现象的兴趣，并引导他们思考背后的科学原理。另外，采用启发式教学法，如引导提问和小组讨论，可以有效促进学生的主动参与。教师可以通过设计一系列有层次的问题，逐步引导学生深入探讨，使他们在解决问题的过程中，自然而然地进入新的学习领域。同时，结合多媒体和实验演示等现代教学手段，可以使抽象的物理概念具体化，增强学生的学习体验。例如，在讲解光的折射时，通过实验演示光线穿过不同介质的现象，可以帮助学生直观理解折射定律，加深对光学基础知识的理解。

三、序言课的实施步骤

1. 引导问题的提出

在中职物理教学中，序言课作为开启学生思维的先导，其核心在于精心设计并提出引人深思的引导性问题。以能量守恒定律的教学为例，教师可在课堂伊始抛出疑问："在一个封闭的系统内，能量是否能够自行消失？"此问题直指物理学中的基本原理，旨在激活学生的思考"引擎"，促使他们积极探寻答案，从而点燃学习的热情。

教师需确保所提问题紧扣教学内容的核心，既要贴近学生的认知水平，又要具备足够的挑战性，以引领学生跨越已知与未知之间的鸿沟。问题的设定应巧妙地将新旧知识相勾连，成为桥梁，引导学生运用已有知识去探索未知领域。在能量守恒定律的教学中，教师可通过对比日常生活中的现象，如摆动物体后能量的转化与守恒，使学生意识到能量不会凭空产生或消失，而是始终守恒的，从而为深入理解该定律作好铺垫。

提出问题后，教师应给予学生充分的时间与空间，让他们独立思考或开展小组合作，共同探讨问题的可能解答。在这个过程中，学生将调动自己的观察力与推理能力，尝试解析问题，这不仅锻炼了他们的思维，也培养了他们的团队协作精神。针对能量守恒定律，学生可能会提出各种假设与解释，教师应鼓励他们大胆猜测、小心求证，比如通过实验设计验证能量在系统中的转化与守恒过程。

分享与讨论环节，教师需要充当引导者与总结者的角色，既要保证讨论的秩序，也要提炼出精华观点，为接下来的系统讲授奠定基础。学生们在这个过程中逐渐认识到能量守恒定律的重要性及其在实际中的应用价值，如在机械能守恒的例子中，理解到势能与动能之间的转换关系。

最终，教师将正式引入能量守恒定律的概念，结合先前的讨论与猜想，帮助学生建立起完整的知识框架。通过展示实验数据与理论推导，学生将见证自己的思考如何与科学定律相吻合，从而加深对这一核心概念的认识。此时，教师可进一步拓展问题的深度，引导学生探讨能量守恒定律在不同情境下的表现，如弹簧的压缩与回弹、滑轮系统的能量转换等，使学生领悟到物理规律的普遍适用性。

2. 背景知识的讲解

教师需要简要讲解与本课题相关的背景知识，帮助学生建立初步的知识框架。以光学知识的教学为例，教师可以首先回顾光学的发展历程，提及自古希腊时期光的直线传播理论至现代光学的复杂分支，包括几何光学、物理光学等领域的发展。接着，教师应概述光学的基本概念，如光的波动性和粒子性，以及光速在不同介质中的变化，通常情况下，真空中光速约为299792km/s，而在其他介质中会有所降低，这是折射现象的基础。此外，介绍光的三大定律——反射定律、折射定律和菲涅耳衍射规律，为学生理解光的行为提供了理论基础。通过引入诸如斯涅尔定律（Snell's Law）之类的公式 $n_1\sin\theta_1 = n_2\sin\theta_2$，其中 n_1 和 n_2 分别为两种介质的折射率，θ_1 和 θ_2 为入射角和折射角，学生可以量化理解光在不同介质间的行为。在讲解中，结合实验数据，如光在水和玻璃中的速度差异，以及光栅衍射实验的结果，可以直观展示光的波动特性。为了加深理解，教师还可以利用图示和模拟软件来描绘光的反射和折射过程，以及展示光的干涉和衍射图案，辅助学生形成直观的认知。最后，通过提出与日常生活相关的应用案例，如眼镜和望远镜的工作原理，使学生认识到光学知识的实际应用价值。

3. 学习任务的布置

根据《中等职业学校物理课程标准》（2020年版），序言课的设计应注重培养学生的自主学习能力和科学探究精神。在布置学习任务时，教师需精心策划，确保任务既能够帮助学生理解物理概念的本质，又能促进其实验技能和问题解决能力的发展。

4. 课后练习的安排

在序言课结束时，教师应布置一些课后练习，帮助学生巩固所学知识。

教师应挑选与课程主题相关的专业文章或案例研究，要求学生阅读并总结关键信息。例如，在学习电磁学时，提供有关电动机工作原理的文章，让学生了解电磁感应现象在现代科技中的应用。这不仅能增强学生的背景知识，还能提高他们的文献阅读和批判性思维能力。在完成上述任务后，教师应组织课堂讨论，让学生分享实验结果和阅读心得。通过小组合作，学生可以交流不同的观点和发现，进一步深化对物理概念的认识。讨论环节还可以包括对实验结果的预测和解释，以及对阅读材料中提到的技术应用的探讨，从而培养学生的沟通和协作能力。教师应对学生的学习成果进行评价，包括实验报告的准确性、阅读理解的深度以及讨论的参与度。评价标准应明确具体，如实验报告的完整性、数据分析的准确性、阅读材料的理解程度等，确保评价的公正性和有效性。

四、序言课的评价方法

1. 课堂表现的评价

依据《中等职业学校物理课程标准》（2020 年版），评价体系应包含多个维度，其中课堂表现评价是衡量学生学习状态的重要组成部分。教师需通过持续的观察和记录，评估学生在课堂上的参与度和学习态度，这不仅涉及学生的互动频率，还包括他们对物理概念的掌握水平。

教师可通过设计一系列与课程内容紧密相关的问题，考查学生回答问题的过程，以此评估他们的理解深度。例如，在讲解光的折射时，教师可以提出关于斯涅尔定律的问题，并观察学生是否能准确计算光线穿过不同介质时的入射角和折射角。此外，通过小组讨论的形式，教师可以评估学生在团队中能否有效沟通，以及他们能否提出创新的想法。在讨论中，学生被鼓励分享自己对物理现象的见解，如描述全反射现象及其在日常生活中的应用实例，这有助于教师判断学生是否掌握了光学的基本原理。

在物理实验课程中，教师需观察学生执行实验的精确度，如在测量电阻的实验中，关注学生能否严格按照实验规程操作，并准确记录数据。同时，教师还应注意学生能否有效地分析实验结果，比如通过欧姆定律计算得出的电阻值是否符合预期。

2. 思维能力的评价

教师需采用多元化的评价手段来衡量学生的认知水平和应用技能，可以通过分析学生在解答物理问题时的逻辑性和创造性来评估其思维能力。在实验过程中，学生应能设计合理的实验步骤，准确记录实验数据，并据此分析结果。例如，在验证能量守恒定律的实验中，学生需合理安排实验装置，准确测量小球的质量和高度，以计算势能和动能的变化。通过实验数据的分析，学生应能得出正确的结论，并理解能量转换和守恒的概念。此外，教师还可通过项目式学习来评价学生的综合应用能力。在完成特定项目时，如设计一个节能小车模型，学生须运用物理原理，解决实际问题。教师会评估学生在项目中是否能综合运用力学、能量转换等相关知识，并考查其创新思维和问题解决技巧。

3. 学习效果的评价

评价学生的学习效果是对教学质量和学生掌握知识程度的重要检验，教师需通过系统的评价方法来确保学生对所学知识有深刻理解和实际应用能力。测试成绩是学习效果评价的一个直接且量化的指标，通过设计合理的测试题，可以检验学生对课程内容的理解和掌握程度。例如，在讲解牛顿运动定律后，测试可以包含各种类型的题目，如选择题、填空题、计算题和实验题，这些题目需要涵盖牛顿第一定律、第二定律和第三定律，并考查学生在不同情境下对这些定律的应用。统计测试成绩时，可以采用常模参照评估，设置班级的平均分、标准差等统计指标，以分析学生的整体学习情况。此外，可以采用项目参照评估，依据《中等职业学校物理课程标准》(2020 年版) 设定的各项指标，逐项分析学生在不同知识点上的掌握情况，如表 5-1 所示。

表 5-1　学生在不同知识点上的掌握情况

学生姓名	牛顿第一定律	牛顿第二定律	牛顿第三定律	总分（分）	等级
学生 A	20/25	15/20	10/15	45/60	B
学生 B	25/25	20/20	15/15	60/60	A

学生姓名	牛顿第一定律	牛顿第二定律	牛顿第三定律	总分（分）	等级
学生 C	15/25	10/20	8/15	33/60	C

实验报告的评价可以从实验设计、数据记录、结果分析和结论得出等方面进行。例如，在进行"验证牛顿第二定律"的实验时，教师可以设计实验评价表（见表5-2）。

表5-2　实验报告评价

评价项目	评分标准	分数（分）
实验设计	设计合理，步骤清晰	20
数据记录	数据完整，记录准确	20
结果分析	分析正确，逻辑清晰	30
结论得出	结论合理，有依据	20
报告书写	书写规范，表达清楚	10

为了进一步量化学生的学习效果，还可以采用公式计算学生在不同方面的得分。例如，学生的总得分可以通过以下公式计算：

$$总得分 = \frac{\sum_{i=1}^{n}(测试成绩_i + 实验报告成绩_i)}{2n}$$

其中，n 为测试和实验的次数，通过公式计算，可以得到学生在整个学习阶段的平均成绩。具体的数据分析可以采用图表形式，如折线图、柱状图等，直观地展示学生成绩的变化趋势和各个阶段的学习效果。

在课堂表现方面，通过观察学生在课堂上的参与度、提问和讨论的积极性，可以了解他们对学习内容的兴趣和理解情况。教师可以采用课堂观察记录表进行记录（见表5-3）和评价。

表5-3　课堂观察记录情况

学生姓名	课堂参与度	提问次数（次）	讨论积极性	总分（分）
学生 A	高	5	高	90

续表

学生姓名	课堂参与度	提问次数（次）	讨论积极性	总分（分）
学生B	中	3	中	75
学生C	低	1	低	60

课堂观察记录表可以直观反映学生的课堂表现情况和学习状态，并采取相应的教学措施进行引导和激励。

第二节　基于物理问题解决的教学

一、问题设计的策略

1. 问题选择的标准

问题的选择和设计必须紧扣课程的核心概念和原理，如在电磁学单元中，精心挑选与欧姆定律和法拉第电磁感应定律相关的问题，确保学生能够深刻理解这些基本法则。问题的实际应用背景至关重要，它们应该源自现实生活的具体情境，例如，设计问题让学生分析家庭电路中的电阻变化，抑或是计算电机在不同负载下的效率，这样的问题不仅能够使学生理解物理知识的实际应用，而且能够激发他们解决实际问题的兴趣。

问题的开放性则需要鼓励学生发展创新思维和批判性思考。例如，设计问题时不限制唯一的解决方案，而是让学生探索多种可能性，如在设计节能电路时考虑不同材料和布局的优劣。同时，教师应确保问题覆盖不同类型的知识点，包括对物理概念的记忆、理解和应用，以及定量和定性的分析。例如，在解决电路问题时，学生不仅要记住欧姆定律的公式 $V = IR$，还需要理解其背后的物理意义，并能将其应用于不同情境。此外，问题应平衡各种难度和类型，以适应不同学生的学习需求，如设置基础问题帮助学生巩固基础知识，同时提供复杂问题挑战学生的高级思维能力。

2. 问题表述的规范

在中职物理教学中，基于问题解决的教学模式强调培养学生分析和解决实际问题的能力。依据《中等职业学校物理课程标准（2020 年版）》，问题的表述需精确无歧义，确保每位学生都能明确理解问题的目标和要求。例如，在电磁学教学中，一个问题可以这样表述："在一个电路中，已知电阻为 5Ω，施加电压为 12V，计算通过该电阻的电流强度。"此问题明确了待求的物理量——电流强度，并指定了适用的物理公式 $I = V/R$。同时，问题应提供充分的背景信息，如电路的配置或元件参数，帮助学生构建起对问题的整体理解。

表述问题时，应使用简洁明了的语言，避免复杂的叙述，使学生集中注意力于问题的核心。例如，询问学生"当改变电阻值时，电路中的电流如何变化？"这样的问题促使学生运用欧姆定律去推理而非仅依赖记忆。此外，问题设计应鼓励学生深入思考，如要求他们解释物理现象背后的原因或设计实验来验证假设。例如，提出问题"为什么增加电阻会导致电流减弱？"或要求学生设计实验以探究不同电阻值对电流的影响，这样的问题能激发学生的探究欲望，推动他们主动学习和理解物理原理。

3. 问题难度的控制

在中等职业学校物理课程的实施中，基于物理问题解决的教学策略是提高学生学习效果的有效手段。问题设计的策略尤为关键，其中问题难度的控制是核心环节。教师需精心设计问题，确保难度适中，既能激发学生解决问题的动力，又不至于让他们感到过于困难而失去信心。为了实现这一目标，教师可以采用分步递进的方法，将复杂问题分解为多个小问题，从基础概念开始，逐步增加问题的复杂性，引入更多的变量和条件。

例如，在力学问题中，教师可以先让学生分析一个物体在恒定力作用下的直线运动，然后在此基础上增加力的变化、摩擦力等因素，引导学生逐步深入理解动力学原理。在教学过程中，教师应根据学生的学习进度和能力，动态调整问题的难度，以适应不同学生的学习需求。对于基础较弱的学生，教师可以提供更多的引导和辅导，帮助他们建立信心；而对于基础较好的学生，教师可以适当提高问题的难度，鼓励他们进行更深层次的思考和探索。

此外，教师可以设计不同层次的问题，以满足不同学习水平学生的需求，实现差异化教学。例如，可以设置基础题、提高题和挑战题，分别对应不同难度等级，让学生根据自己的实际情况选择适合的问题进行解答。这种分层教学方法有助于每个学生在自己的水平上得到有效的学习和提高。

在具体实施中，教师可以制定详细的教学计划，明确每个阶段的教学目标和问题设置。例如，在讲解牛顿第二定律时，可以设置以下问题序列。

基础题：一个质量为 m 的物体受到一个恒定力 F 的作用，求物体的加速度 a。

提高题：若物体在水平面上运动，受到恒定力 F 和摩擦力 f 的作用，求物体的加速度 a。

挑战题：若物体在斜面上运动，受到恒定力 F、摩擦力 f 和重力分量的作用，求物体的加速度 a，并讨论斜面倾角对加速度的影响。

通过上述教学设计，教师可以确保学生在掌握基础知识的同时，逐步提高解决问题的能力，最终达到深入理解和应用物理知识的目的。

4. 问题情境的创设

问题情境的创设不仅能够激发学生的兴趣和参与度，还能够有效地促进他们将所学的物理知识与实际情境联系起来，提高他们解决问题的能力和实践技能。在设计问题情境时，教师需要确保与学生生活经验相关，并能够引发学生的思考和探究欲望。

例如，在热学部分的教学中，可以设计如下问题情境：模拟温度变化对材料性质的影响。学生需要分析不同材料在相同温度条件下的热膨胀情况，从而深入理解热学原理。首先，选择具体的材料和温度变化情境。例如，选取不同的金属材料（如铁、铝、铜）作为研究对象，探究它们在温度变化下的膨胀系数和性质变化。设定具体的温度范围和变化速率，以模拟真实环境中可能遇到的情况。其次，设计实验或模拟实验。通过实验操作或模拟软件，展示不同材料在温度变化条件下的实际情况。例如，使用温度控制装置和测量仪器，记录不同材料在加热或冷却过程中的长度变化或体积变化数据。再次，分析实验数据和结果。教师可以引导学生利用所得数据，计算各材料的热膨胀系数，并进行比较和评估。例如，利用公式计算线膨胀系数 $\alpha =$

$\dfrac{\Delta L}{L \cdot \Delta T}$，其中 ΔL 是长度变化量，L 是初始长度，ΔT 是温度变化量。最后，引导学生进行问题分析和解决方案设计。学生可以根据实验数据和物理原理，提出针对不同材料热膨胀特性的应用场景和解决方案，如在工程设计中的应用或在日常生活中的实际问题解决。

为了更有效地创设问题情境，教师还可以采用角色扮演、案例分析等活动形式，增强学生的问题解决体验和实践能力。通过角色扮演，学生可以扮演工程师或科学家的角色，围绕特定的物理问题展开讨论和解决方案设计，从而加深对物理原理的理解和应用能力。案例分析则可以通过真实案例来引导学生分析和解决复杂的物理问题，如工程项目中的材料选择和性能优化问题。

二、问题探究的过程

1. 提出问题的步骤

提出问题的步骤应当遵循一定的逻辑顺序，首先是明确问题的定义。教师应当清晰地阐述问题的本质，确保学生完全理解问题的背景和目标。例如，在电磁学单元中，教师可以提出这样一个问题："如何测量一个未知电阻的阻值？"这个问题直接关联到欧姆定律的应用，同时也是学生未来工作中可能会遇到的实际问题。通过这样的问题，学生可以立即认识到物理学在实际应用中的价值。接下来，教师应当指导学生收集和整理相关信息。在这个阶段，学生需要查找相关的物理定律、公式和已知数据。例如，学生可以查阅欧姆定律的表达式 $V=IR$，以及如何使用伏特表和安培计来测量电压和电流。教师可以提供一张表格，列出不同电阻材料的电阻率，帮助学生理解材料性质对电阻值的影响。这个过程不仅教授学生如何收集资料，还教会他们如何筛选和整合信息。随后，教师应当引导学生分析问题，区分主要和次要因素。在电阻测量的例子中，学生需要识别影响电阻值的因素，如温度、长度、横截面积和材料类型等。这个过程中，学生将学习到如何设计实验来排除其他干扰因素，专注于主要问题。在提出问题的步骤中，教师还应当鼓励学生提出假设，并设计实验来验证这些假设。例如，学生可以假设电阻值与材料长度成正比，然后设计实验来测试这一假设。教师应当指导学生如何选择合适的仪器和方法，确保实验的准确性和可重复性。通过实验设计，学生可以学习科学研究的方法论，包括如何制定假设、设计实验和分析结果。

2. 分析问题的方法

教师首先需明确教学目标，即让学生通过实验掌握热容量的概念、测量方法和相关物理定律。问题提出阶段，教师通过展示不同材质的物体如铜、铝、铁等，并询问学生："这些物体在相同条件下加热时，温度升高的速度是否相同？其背后的原因是什么？"旨在激发学生的好奇心和探究欲。

在假设阶段，学生需要基于已有的物理知识，如比热容的概念，提出假设：

$$c = \frac{Q}{m\Delta T}$$

例如，学生可能会预测铜的温度升高速度快于铁，因为铜的比热容小于铁。

在实验设计阶段，学生设计实验验证假设，包括测量不同材质物体在相同热量作用下的温度变化。实验设备包括热水浴、温度计、电子秤和不同材质的物体样本。实验步骤如下：

①使用电子秤准确测量每个物体的质量；

②将物体放入热水浴中，记录初始温度；

③加热一段时间后，记录物体的最终温度；

④计算每个物体的温度变化 ΔT。

实验数据应记录在表格中，如表 5-4 所示。

表 5-4　不同材质物体在相同热量作用下的温度变化

材质	质量（g）	初始温度（℃）	最终温度（℃）	温度变化（℃）
铜	200g	20	80	60
铁	200g	20	70	50

在数据分析阶段，学生需要使用公式 $Q = mc\Delta T$ 来计算每个物体吸收的热

量，并比较不同材质物体的热容量。通过分析，学生会得出结论，验证或反驳他们的假设。在结论总结阶段，学生将讨论实验结果与理论的一致性，并反思实验过程中可能出现的误差来源，如温度计的精度、热量损失等。此外，学生还应探讨热容量在工程和日常生活中的应用，如热水器的设计、建筑材料的选择等。

3. 解决问题的策略

在问题探究的过程中，教师应引导学生经历以下几个阶段：问题识别、信息收集、策略制定、执行解决方案和反思评价。首先，学生需要清晰地定义所面临的问题。例如，在研究自由落体运动时，学生必须识别出影响物体下落的因素，如重力加速度和空气阻力。接着，学生需要收集相关信息，包括物理公式、实验数据和先前的知识点。在这个阶段，教师可以提供必要的参考资料，如重力加速度的值（约 $9.8 \mathrm{m/s^2}$），并指导学生如何查找和解读相关文献。

在策略制定阶段，学生应该根据收集的信息选择合适的方法来解决问题。例如，在解决一个关于简谐运动的问题时，学生可能会使用胡克定律（$F = -kx$）来分析弹簧的振动。这里，k 代表弹簧常数，x 是位移，F 是恢复力。教师应鼓励学生尝试多种方法，并讨论每种方法的优缺点。在执行解决方案，学生将理论应用于实际情况时，可能需要进行实验设计或数学推导。例如，学生可能需要测量弹簧的伸长量来计算其弹簧常数。

4. 评价问题的标准

评价学生解决问题的能力时，教师应关注几个关键方面：首先是问题理解程度，即学生是否准确把握了问题的本质。其次是问题解决策略的选择和应用，这可以通过学生使用的物理原理和公式来衡量。例如，在解决电路问题时，可以通过学生是否正确使用了欧姆定律（$V = IR$）来分析电路中的电流和电压关系。再次是解题过程的完整性和准确性，包括学生是否按照正确的步骤进行了推理和计算。例如，在解决波动问题时，学生是否正确地应用了波速公式（$v = f\lambda$），其中 v 是波速，f 是频率，λ 是波长。最后还需要评价学生的实验技能和数据分析能力，特别是在需要实验验证的情况下。例如，学生是否能够准确记录数据，是否能够使用图表来展示数据趋势。

三、问题解决的路径

1. 逻辑推理的路径

教师应指导学生如何从已知信息出发，通过逻辑链条推导出未知信息。例如，在解决静电学问题时，学生可以从库仑定律 $F = k\dfrac{q_1 q_2}{r^2}$ 出发，其中 F 是两个点电荷之间的作用力，q_1 和 q_2 是电荷量，r 是它们之间的距离，k 是比例常数。学生需要理解这个公式，并能够将其应用于不同的情境，如计算电场强度或电势。

教师可以通过提出一系列相关问题来引导学生进行逻辑推理，例如，知道电场强度 E 和电荷量 q，如何计算电势 V？答案是使用公式 $V = Ed$，其中 d 是距离。这种推理过程可以帮助学生建立起从基本原理到复杂应用的桥梁。教师还应鼓励学生绘制思维导图，以可视化问题的各个方面及其相互关系，这有助于学生构建起全面的逻辑框架。

2. 实验验证的路径

在实验验证的路径中，教师可以通过设计实验让学生亲身体验物理定律的实际应用，从而加深对理论的理解。例如，在电磁学领域，学生可以通过实验来验证法拉第电磁感应定律，该定律描述了磁通量变化与感应电动势之间的关系。教师可以引导学生设计一个实验，通过改变磁场强度或线圈的匝数来测量感应电动势。学生可以使用一个可变电阻器连接到线圈，通过改变电阻值来调节电流，进而影响磁场强度。同时，学生可以记录线圈两端的电压变化，这是感应电动势的直接体现。

在实验设计阶段，教师应指导学生选择合适的仪器，如电压表和电流计，以及如何安全地操作电源和磁铁。学生需要控制变量，比如保持线圈的位置不变，只改变磁场强度或线圈的匝数。在记录数据时，学生应确保每次实验的条件一致，以便准确比较结果。

实验后，学生应分析数据，绘制磁场强度与感应电动势的关系图。通过这些图表，学生可以看到当磁场强度变化时，感应电动势如何相应变化，从

而验证法拉第定律 $\varepsilon = -\dfrac{\Delta \Phi}{\Delta t}$，其中 ε 是感应电动势，$\Delta \Phi$ 是磁通量的变化率，Δt 是时间间隔。学生应注意到负号表示感应电动势的方向总是试图抵消磁场的变化。

3. 数学建模的路径

数学建模是将物理问题转化为数学问题的过程，它允许学生使用数学工具来分析和解决物理问题。例如，在处理波动问题时，学生可以建立数学模型来描述波的传播特性。教师可以引导学生使用波动方程，如弦振动方程 $\dfrac{\partial^2 y}{\partial t^2} = c^2 \dfrac{\partial^2 y}{\partial x^2}$，其中 y 是位移，t 是时间，c 是波速，x 是位置，来描述波的传播。通过这个方程，学生可以预测波形随时间和空间的变化，理解波的传播速度和形状。

在数学建模的过程中，教师应指导学生选择合适的数学工具，如微分方程，并解释这些工具如何与物理现象相对应。学生应学会如何将实际问题简化成数学表达式，并求解这些表达式以获得物理量的定量关系。例如，在解决声波问题时，学生可以使用声速公式（$v=f\lambda$），其中 v 是声速，f 是频率，λ 是波长，来计算声音在不同介质中的传播速度。

4. 模拟仿真的路径

模拟仿真是一种利用计算机程序来模拟物理系统的工具，它可以提供实验无法轻易实现的复杂情况的洞察。例如，在天体物理学中，学生可以使用模拟软件来模拟行星运动，观察不同天体间的引力的相互作用。教师可以引导学生设置行星的质量、初始位置和速度，然后观察它们如何随着时间演化。

在模拟仿真的过程中，教师应指导学生选择合适的仿真软件，并解释仿真参数的意义。学生应学会如何调整这些参数，如行星的质量和轨道半径，以及如何解释仿真结果。例如，在模拟双星系统时，学生可以观察两颗星星如何围绕共同质心旋转，以及它们的轨道如何随时间变化。

教师应强调仿真结果的验证，确保仿真模型符合物理定律。学生应检查仿真的假设和边界条件，确保它们符合实际物理情况。此外，学生应学会如何从仿真结果中提取有用信息，如行星的轨道周期和能量守恒。

四、问题解决的评价

1. 过程评价的标准

过程评价旨在全面记录学生在物理问题解决过程中的表现和进步情况，采用定量和定性相结合的方法。过程评价标准包括以下几个方面：学生的问题理解能力、提出假设和设想的能力、实验设计与实施的能力、数据收集与分析的能力，以及解决方案的合理性与创新性。具体参数包括学生在每一阶段的参与度和表现质量。例如，学生能否准确描述问题背景及关键要素（问题理解能力）、能否提出合理的假设和设计实验步骤（假设与实验设计能力）、能否规范操作实验仪器并准确记录数据（实验实施与数据收集能力）、能否从实验数据中得出合理结论（数据分析能力），以及最终解决方案的科学性和创新性（解决方案评价）。评价过程中可使用量化评分表（如 5 分制）来评估各项能力，同时结合质性评语记录学生在问题解决过程中的表现，如表 5-5 所示。

表 5-5　过程评价的标准

评价维度	评价指标	分值范围（分）	评分标准
问题理解能力	准确描述问题背景及关键要素	0~5	准确描述关键要素并提出问题为 5 分，描述不完整逐渐减分
假设与实验设计能力	提出合理假设，设计实验步骤	0~5	提出合理假设并完整设计实验步骤为 5 分，缺少部分减分
实验实施与数据收集能力	规范操作仪器，准确记录数据	0~5	操作规范且数据准确为 5 分，有部分错误逐渐减分
数据分析能力	从数据中得出合理结论	0~5	合理分析数据并得出结论为 5 分，分析不全面逐渐减分
解决方案评价	方案的科学性和创新性	0~5	科学且有创新性为 5 分，科学但创新不足逐渐减分

2. 结果评价的标准

结果评价关注学生最终解决问题的成效，包括实验结论的正确性、报告的完整性和科学性，以及解决方案的应用价值等（见表 5-6）。评估标准涵盖学生提交的实验报告和成果展示的各个方面，如实验结论是否与假设相符、结论推导过程是否科学严谨、实验报告内容是否全面详细、语言表述是否准确清晰，以及解决方案在实际应用中的可行性和创新性等。具体参数包括学生在实验报告中对数据和结果的解释（解释正确性），实验步骤和方法的描述（描述完整性），以及最终结论的科学性和创新性（结论评价）。评估结果可以通过评分表、文字评语和成果展示等多种形式进行反馈。

表 5-6　结果评价的标准

评价维度	评价指标	分值范围（分）	评分标准
解释正确性	数据和结果解释	0~5	解释准确且逻辑清晰为 5 分，解释不完整逐渐减分
描述完整性	实验步骤和方法描述	0~5	描述全面详细为 5 分，描述不全或有遗漏逐渐减分
结论评价	结论的科学性和创新性	0~5	结论科学且有创新为 5 分，科学但创新不足逐渐减分
报告完整性	实验报告的全面性和表述准确性	0~5	报告全面且表述准确为 5 分，报告不全或表述不准确逐渐减分
应用价值	解决方案的可行性和实际应用价值	0~5	方案可行且具有应用价值为 5 分，可行但应用价值不足逐渐减分

3. 反思评价的方法

反思评价通过引导学生回顾和评估自己的学习过程和成果，促进学生的自我反省和深度学习。反思评价的方法包括学生自评、同伴互评和教师评价三部分。学生自评是让学生根据预定的评价标准和自身的学习体验，对自己的问题解决过程和结果进行全面反思，记录在反思日志中。同伴互评是通过小组讨论或互评表格，让学生相互评价，分享各自的学习经验和建议，互相启发和借鉴。教师评价则是教师根据学生的自评和互评情况，以及课堂观察和结果分析，对学生的反思能力和学习成果进行综合评定，并给予详细的反馈意见。反思评价的指标包括：自我评价的真实性和深度、同伴评价的建设性和合作精神，以及教师评价的全面性和指导性（见表 5-7）。

表5-7 反思日志

评价维度	反思内容	指标	评价标准
自我评价	问题解决过程和结果的自我评估	真实性和深度	真实全面反思学习过程为优,反思不够深入为良,反思不全面为一般
同伴互评	同组同伴的互评意见	建设性和合作精神	建设性意见多且合作精神强为优,意见少但有建设性为良,无建设性为一般
教师评价	教师的评价和反馈	全面性和指导性	全面详细的反馈和指导为优,反馈不够全面但有指导为良,反馈简单为一般

4. 综合评价的应用

综合评价是结合过程评价、结果评价和反思评价,对学生在整个问题解决教学中的综合表现进行全面评估。综合评价是为了全面了解和反馈学生的学习效果和发展情况,为后续教学改进和学生个性化发展提供依据。综合评价的应用包括成绩评定、个性化指导和教学改进。成绩评定是根据各项评价结果,综合评定学生的学习成绩,采用等级制(如A、B、C)或百分制(如0~100分)进行量化。个性化指导是根据综合评价结果,针对每个学生的优势和不足,提出有针对性的改进建议和学习指导,帮助学生进一步提升。教学改进则是教师根据综合评价中发现的问题和学生的反馈,调整和优化教学设计和实施策略,提高教学效果(见表5-8)。

表5-8 综合评价

评价维度	评价内容	分值范围(分)	评价标准
过程评价	学生在问题解决过程中的表现	0~20	各项能力表现优异为20分,表现不全逐渐减分
结果评价	学生问题解决的最终成果	0~20	最终成果科学合理且创新性强为20分,合理但创新不足逐渐减分
反思评价	学生的反思能力和学习态度	0~10	反思深刻且态度积极为10分,反思不够深入逐渐减分
综合表现	学生的综合能力和学习进步	0~50	综合能力强且进步明显为50分,能力一般逐渐减分

第三节 物理复习教学的问题及改进

一、复习内容的选择

1. 基础知识的巩固

基础知识的巩固应覆盖整个物理学科的核心内容，包括经典力学、电磁学、热学、光学和现代物理等各个领域。复习内容的选择应基于课程标准，确保学生能够系统地掌握并应用这些基础知识（见表5-9）。基础知识的巩固不仅涉及对概念、公式和定律的再学习和再记忆，还要求学生能够在理解的基础上进行应用和拓展。具体做法包括通过设计多样化的练习题目（如选择题、填空题、简答题和计算题），结合实验数据分析和实际案例探讨，帮助学生深化对基础知识的理解和记忆。例如，在复习牛顿第二定律时，可以设计不同质量和加速度的物体实例，通过计算和分析实验数据，加深学生对力和运动关系的理解。

表5-9 基础知识的巩固计划

基础知识点	复习活动	预期学习效果
牛顿第二定律	实验验证、案例分析、习题练习	掌握 $F=ma$ 的应用，理解力和运动的关系
欧姆定律	电路实验、问题讨论、习题巩固	掌握 $U=IR$ 的应用，理解电压、电流和电阻的关系
能量守恒定律	物理演示、能量转换案例、习题练习	理解能量守恒的概念及其在不同系统中的应用

2. 核心概念的重温

复习核心概念时，应当注重概念的内涵和外延，强调它们之间的联系和应用。具体复习策略包括通过图示、公式推导、实验演示等方式，帮助学生重温核心概念。例如，在重温电场和磁场概念时，可以通过电场线和磁场线的绘制，帮助学生直观理解场的分布和强度变化；同时，通过麦克斯韦方程组的推导和应用，深化学生对电磁场理论的理解。教学中可以使用表5-10来系统整理核心概念。

表 5-10　核心概念复习要点

核心概念	关键内容	复习策略
动量	动量定义、动量守恒定律	实验验证动量守恒，习题练习动量计算
能量	能量的形式、能量守恒与转换	通过能量转换案例分析，理解不同形式能量间的关系
波动	波的性质、波的传播	实验演示波的干涉和衍射现象，习题练习波速计算

3. 重点难点的解析

在复习教学过程中，应当重点复习那些在学习过程中普遍感到困难和容易混淆的知识点，如电磁感应、量子力学基础等（见表 5-11）。复习这些重点难点时，应当采用多层次、多角度的教学方法，包括分步骤的讲解、典型例题的解析、引导学生进行自我总结和反思。可以设置一系列梯度递进的练习题目，逐步帮助学生克服理解难点。例如，在解析电磁感应现象时，可以先通过实验展示法拉第电磁感应定律，然后逐步引导学生理解磁通量变化与感应电动势之间的关系，最后通过习题巩固提高学生的应用能力。

表 5-11　重点难点的解析要点

重点难点	教学内容	复习策略
电磁感应	法拉第电磁感应定律、感应电动势	实验展示、分步讲解、典型例题解析
量子力学基础	波粒二象性、不确定性原理	概念图示、公式推导、习题训练
热力学第二定律	热力学第二定律、熵的概念	概念解释、实际案例分析、习题巩固

4. 综合能力的提升

复习教学应当注重学生综合能力的培养，包括实验能力、问题解决能力、创新思维能力和合作交流能力等（见表 5-12）。在复习过程中，应当通过设计综合性、探究性和实践性的学习活动，提升学生的综合素养。例如，通过综合实验项目，让学生在实际操作中巩固所学知识；通过开放性问题讨论，引导学生综合运用多种物理知识进行探讨和解决；通过小组合作学习，培养学生的团队协作和交流能力。比如通过设计和搭建简单电动机，让学生理解电磁感应和机械能转换的原理，提升动手能力和创新意识。

表 5-12　综合能力提升教学要点

综合能力	复习活动	预期学习效果
实验能力	综合实验项目、实验报告撰写	提升学生的实验操作技能和实验数据分析能力
问题解决能力	开放性问题讨论、案例分析	培养学生综合运用物理知识解决实际问题的能力
创新思维能力	创新项目设计、小组合作学习	激发学生的创新意识和提升团队协作能力
合作交流能力	小组讨论、成果展示	提升学生的团队协作和有效沟通能力

二、复习方法的优化

1. 知识梳理的方法

教师需采取系统性的方法来优化知识梳理过程，确保学生能够全面且深入地理解物理知识。为此，教师可以采用多种工具和技术来帮助学生构建一个清晰的知识网络。例如，通过制作思维导图，教师能够将力学、电磁学、热学、光学和现代物理等各个模块的知识点及其逻辑关系直观化，使学生更容易把握整体知识结构。同时，构建知识树也是有效的手段之一，它以层次分明的形式展现知识体系，帮助学生理解各个知识点间的上下位关系。此外，教师还应汇编一份包含核心公式的表格，明确每个公式的应用场景和使用条件，以此加强学生对公式的熟练掌握。对于那些较为抽象的概念，如电场和磁场等，教师可以借助概念图示来辅助学生理解和记忆，通过视觉化的呈现方式加深学生对这些概念的理解。

2. 练习巩固的方法

《中等职业学校物理课程标准》（2020 年版）推荐了一种分层次、多类型的练习巩固方法。该方法通过设计不同难度级别的练习题目，旨在满足所有学生的学习需求，无论他们的学习水平如何。练习被分为三个层次：基础、中等和拔高（见表 5-13）。基础练习主要针对基础知识和公式应用，确保学生能够熟练掌握物理概念的基础部分。这类题目通常涉及简单的计算和直接应用，帮助学生巩固理论知识。中等难度的练习则更进一步，要求学生将多个概念结合起来，解决更为复杂的物理问题，这有助于学生将孤立的知识点融会贯通，提高他们的综合分析能力。最高层次的练习，即拔高练习，旨在挑战学生的思维深度和创新能力，鼓励他们面对新颖或复杂的情境时进行创造性思考。

表5-13　练习巩固题型设计

练习层次	题型类型	题目示例	预期目标
基础	选择题	牛顿第一定律描述的是什么	掌握牛顿第一定律的基本概念
中等	填空题	根据库仑定律，两个带电粒子间的力为_____	理解库仑定律，并能正确应用公式
拔高	计算题	计算某一情况下物体的动能变化量	提升学生的计算能力和对动能变化的理解
综合	实验题	设计实验验证法拉第电磁感应定律	通过实验设计，验证物理定律，提高实验能力

3. 答疑解惑的方法

课堂答疑作为一种传统而有效的手段，其优势在于能够实现师生之间的即时互动。在复习课上，教师应预留足够的时间进行答疑，通过与学生的互动，及时解决他们心中的疑惑。在这一过程中，教师需要根据学生提出的问题，提供详细的知识点讲解和解题思路，确保学生能够深入理解并掌握相关知识。另外通过组织学生进行小组讨论，可以激发他们的学习热情，利用同伴之间的互助，共同探讨和解决学习中的难题。在小组讨论的过程中，教师的角色转变为指导者和点拨者，他们需要在关键时刻提供必要的帮助，引导学生找到解决问题的正确方法。

随着信息技术的发展，在线答疑成为一种新兴的答疑方式。利用网络平台，教师可以开设在线答疑专栏，学生不受时间和地点的限制，随时提出问题，而教师则能够及时给予回复。这种方式不仅扩展了答疑的时间和空间，还大大提高了答疑的效率。为了进一步提升答疑的针对性和有效性，教师还可以将学生在复习过程中普遍存在的疑难问题进行汇总，并编制成答疑手册供学生参考，如表 5-14 所示。

表 5-14　答疑解惑形式与效果

答疑形式	具体方法	预期效果
课堂答疑	课堂提问，教师讲解	及时解决疑问，确保学生理解知识点
小组讨论	小组讨论，同伴互助	通过讨论和互助，促进知识共享和深入理解
在线答疑	网络平台提问，教师在线回复	提高答疑效率，扩展答疑时间和空间
疑难问题汇总	编制答疑手册，集中讲解	提高复习针对性，解决普遍存在的疑难问题

4. 模拟测试的方法

模拟测试的设计应当既全面又合理，目的是通过实际操作来检测学生的学习状况，并帮助他们发现及弥补知识上的空白。因此，教师需要根据复习的进度，定期安排阶段性的模拟考试，确保覆盖所有已经复习过的内容。测试不仅要有多种形式的题目，还要保持适当的难度，以便准确评估学生的学习效果。

阶段性的模拟测试可以让教师了解学生在特定阶段的学习状况，及时发现问题。测试后，教师应对学生的表现进行细致的数据分析，识别出学生在哪些方面存在共性问题，哪些是个人特有的挑战。在复习周期的尾声，进行一次全面的综合性模拟测试同样重要。这次测试应覆盖整个学科的核心知识点，题型多样，难度适中，以全面评估学生的知识掌握程度和综合应用能力。

三、复习效率的提升

1. 复习时间的安排

复习时间的合理安排是提高复习效率的基础。应依据《中等职业学校物理课程标准》（2020 年版）的指导意见，制定科学的复习时间表，确保各个知识模块都得到充分的复习。每日复习时间应根据学生的生物钟和认知特点进行合理分配，避免长时间连续复习导致的疲劳和效率下降。例如，上午安排

1.5h 的高效学习时段，复习复杂概念和重要知识点；下午安排 1h 进行练习巩固；晚上安排 0.5h 进行总结和反思。每周还需安排固定时间进行模拟测试和答疑解惑，以便及时检测复习效果和解决疑难问题。具体时间安排可以参考表 5-15。

表 5-15　复习时间安排

时间段	活动内容	持续时间（h）	具体安排
上午 9：00—10：30	复习复杂概念和重要知识点	1.5	重点突破物理概念和核心理论的理解与应用
下午 2：00—3：00	练习巩固	1	进行针对性练习，巩固上午复习的内容
晚上 8：00—8：30	总结和反思	0.5	回顾当天学习内容，总结得失，提出改进措施
每周五下午 3：00—4：30	模拟测试和答疑解惑	1.5	进行阶段性测试，解答学生在复习过程中遇到的问题

2. 复习节奏的掌控

应根据学生的学习进度和复习效果，灵活调整复习节奏，避免复习过程中过于紧张或松散（见表 5-16）。科学的节奏掌控需要结合阶段性目标和实际情况进行调整。例如，在复习初期，应注重基础知识的全面覆盖，节奏相对较慢，确保学生对基本概念和原理有扎实的理解；在复习中期，应逐渐加快节奏，加强对重点难点的攻克和综合能力的培养；在复习后期，应进一步加快节奏，通过高强度的模拟训练和考试技巧的讲解，提升学生的应试能力。

表 5-16　复习节奏控制

阶段	复习重点	复习节奏	具体措施
复习初期	基础知识的全面覆盖	较慢	每天复习 1~2 个知识点，确保理解透彻，配合适量练习
复习中期	重点难点的攻克	适中	每天复习 2~3 个知识点，加强难题攻克，增加综合练习
复习后期	综合能力和应试技巧培养	较快	每天进行模拟测试，讲解解题技巧，提高应试能力

3. 复习策略的选择

复习策略应结合学生的实际情况和复习内容，灵活运用多种复习策略，包括知识梳理、分层练习、答疑解惑和模拟测试（见表5-17）。例如，知识梳理策略通过系统化整理知识点，构建知识网络，帮助学生全面理解和记忆；分层练习策略通过不同难度的题目，循序渐进地巩固知识；答疑解惑策略通过个别辅导和集体讨论，解决学生的疑难问题；模拟测试策略通过高仿真考试环境，提升学生的应试能力和心理素质。

表 5-17　复习策略选择

策略类型	适用范围	具体方法	预期效果
知识梳理	全部知识点	系统化整理知识点，构建知识网络	帮助学生全面理解和记忆知识
分层练习	不同难度的知识点	根据知识点难度，设计不同层次的练习题	循序渐进地巩固知识，提高解题能力
答疑解惑	复习中的疑难问题	通过个别辅导和集体讨论，解决学生疑难问题	及时解决学习中的疑惑，提升理解和应用能力
模拟测试	综合能力和应试技巧	模拟真实考试环境，进行阶段性和综合性测试	提升学生应试能力和心理素质，检验复习效果

4. 复习环境的优化

良好的复习环境应具备安静、舒适、整洁等基本条件，同时还应提供充足的学习资源和技术支持。例如，在教室布置上，应确保光线充足、座位舒适、空气流通，营造良好的学习氛围；在学习资源上，应提供充足的复习资料、参考书籍和多媒体设备，方便学生随时查阅和学习；在技术支持上，应配备计算机、网络和投影设备，支持多样化的复习方式和资源共享。

四、复习效果的评估

1. 评估内容的确定

评估内容应包括基础知识的掌握情况、核心概念的理解程度、重点难点的攻克效果以及综合能力的提升情况（见表5-18）。为了全面反映学生的复习效果,可以将评估内容细化为具体的评估指标和评估标准。例如,基础知识的掌握情况可以通过选择题和填空题进行评估,核心概念的理解程度可以通过简答题和问答题进行评估,重点难点的攻克效果可以通过计算题和实验题进行评估,综合能力的提升情况可以通过综合题和应用题进行评估。

表 5-18 复习效果评估内容

评估内容	评估指标	评估标准
基础知识掌握情况	正确率、熟练度	90%以上正确率,能够熟练应用
核心概念理解程度	理解深度、应用能力	深入理解概念,能够灵活应用
重点难点攻克效果	解题能力、创新思维	能够解决复杂问题,展现创新思维
综合能力提升情况	综合分析能力、实验能力	能够进行综合分析,设计并完成实验

2. 评估方式的多样

在物理复习教学中,可以采用多种评估方式,包括笔试、口试、实验操作和综合评价(见表 5-19)。笔试可以通过选择题、填空题、简答题和计算题等形式,全面考查学生对知识点的掌握情况;口试可以通过问答和讨论等形式,考查学生的表达能力和思维深度;实验操作可以通过具体实验任务的完成情况,考查学生的动手能力和实验技能;综合评价可以通过综合题和应用题,全面评估学生的综合能力和创新思维。

表 5-19 复习效果评估方式

评估方式	评估形式	适用范围
笔试	选择题、填空题、简答题	基础知识和核心概念的掌握情况
口试	问答、讨论	核心概念的理解程度和表达能力
实验操作	实验任务完成情况	动手能力和实验技能
综合评价	综合题、应用题	综合能力和创新思维

3. 评估数据的分析

在评估数据分析过程中,可以采用统计分析、比较分析和综合分析等方法,对评估结果进行全面细致地解读(见表 5-20)。例如,统计分析可以通过计算学生的平均成绩、及格率和优秀率等指标,反映整体复习效果;比较分析可以通过对比不同班级、不同学生和不同知识点的评估结果，找出差异和问题；综合分析可以通过结合评估结果和学生的学习表现，进行深入分析和总结，提出改进措施。

表 5-20　评估数据分析方法

分析方法	分析内容	具体指标
统计分析	平均成绩、及格率、优秀率	各项成绩的统计数据
比较分析	班级对比、学生对比、知识点对比	各类对比结果和差异分析
综合分析	结合评估结果和学习表现	综合分析结果和改进建议

4. 评估反馈的应用

评估反馈应包括对学生的个性化反馈和对教学的整体反馈两方面（见表5-21）。对学生的个性化反馈应根据评估结果，针对每个学生的具体问题和薄弱环节，提出有针对性的改进建议和学习指导；对教学的整体反馈应结合评估结果，分析教学中的共性问题和不足，提出改进措施和调整方案。例如，可以根据评估反馈结果，调整复习计划，改进复习方法，加强对重点难点的讲解和练习，提升学生的综合能力和应试水平。

表 5-21　评估反馈应用措施

反馈类型	反馈内容	应用措施
个性化反馈	针对每个学生的问题和薄弱环节	提出改进建议和学习指导
整体反馈	分析教学中的共性问题和不足	提出改进措施和调整方案

第四节　以研究性学习开展的物理教学

一、研究性学习的内涵

1. 研究性学习的定义

研究性学习是指学生在教师的指导下，通过自主探究的方式，对某一物理现象或问题进行深入研究的学习过程。在这种学习模式下，学生不再是被动接受知识的对象，而是主动参与到知识的发现和创造中。研究性学习的定义在于强调学生的主体性和探究性，它鼓励学生通过实践活动来获取知识，而不是仅仅依赖于传统的讲授和记忆。研究性学习的特点包括自主性、探究性和开放性。学生需要根据自己的兴趣和能力选择研究课题，通过查阅资料、设计实验、收集数据等方式进行探究。

2. 研究性学习的特点

在设计研究性学习时，教师应首先帮助学生选定研究课题。课题应具有一定的开放性，能够激发学生的兴趣，同时也要有一定的可行性和现实意义。例如，学生可以选择研究太阳能电池的效率问题，这是一个既有实际应用价值又能够引发学生兴趣的话题。教师应指导学生制定研究方案，包括研究目的、方法、预期成果和时间规划。学生需要明确研究的目的和意义，选择合适的研究方法，并预计可能得到的结果。例如，在研究太阳能电池效率时，学生可以设计实验来测试不同光照强度对电池输出的影响。实施研究过程中需要学生亲自操作，包括数据收集、实验设计和结果分析。教师应提供必要的指导和支持，但不应过多干预，以免影响学生的自主性。

3. 研究性学习的类型

在研究性学习的实施过程中，学生扮演的是积极的角色。学生需要自己收集资料、设计实验和分析数据。教师的角色则是指导者和支持者，提供必要的资源和技术支持。

教师应鼓励学生整合各种资源，包括图书馆资源、实验室资源和网络资源。学生可以通过这些资源丰富他们的研究内容和方法。例如，学生可以通过图书馆的书籍了解太阳能电池的工作原理，通过实验室的设备进行实验，通过网络资源了解最新的研究进展。研究方法的选择应多样化，包括实验法、观察法和模拟法等。学生可以根据自己的课题选择最合适的方法。例如，学生可以选择使用模拟软件来模拟太阳能电池在不同条件下的性能，或者通过实验来验证理论预测。研究性学习的评价应注重过程和方法，而不仅仅是结果。教师应评价学生的研究过程是否严谨，方法是否恰当，结果是否可靠。

4. 研究性学习的价值

评价研究性学习时，教师应制订明确的评价指标，包括研究的原创性、方法的合理性、结果的可信度和报告的专业性。研究的原创性体现在学生能否提出新颖的观点或独特的研究角度。教师应评价学生的研究是否提供了新的见解或解决了未被充分探讨的问题。方法的合理性要求学生在研究过程中选用适当的技术手段和实验设计。教师需评估学生是否选择了合适的实验装置、测量工具和数据分析方法。例如，学生在研究光电效应时，是否正确使用了光电管和光源，以及是否采用了适当的统计方法来处理数据。教师可以制定一个包含实验设计、数据收集和分析方法的评价表格，对学生的方法选择进行打分。结果的可信度取决于学生能否准确记录实验数据并得出可靠的结论。教师应检查学生是否遵循了科学的数据记录和分析流程，以及他们的结论是否与已有理论相符。报告的专业性则反映在学生能否清晰、准确地表达研究过程和结果。教师应评价报告的结构是否合理，语言是否准确，图表是否规范。

二、研究性学习的设计

1. 研究课题的选定

研究课题应具有科学性、实践性、创新性和可操作性，能够激发学生的学习兴趣和探究欲望。选定研究课题时，可以结合《中等职业学校物理课程标准》(2020年版)中的教学内容和学生的实际情况，选取与生活、生产实际紧密相关的物理现象和问题。例如，可以选定"机械波的传播与应用""电磁感应现象的探究""光的折射和反射现象的实验研究"等作为研究课题。课题应通过师生共同讨论、集思广益的方式选定，确保选题的科学性和学生的参与度。

2. 研究方案的制订

研究方案的制订包括研究目标的确定、研究内容的设计、研究方法的选择和研究计划的安排。研究目标应明确、具体、可量化，能够反映学生通过研究所要达到的知识和能力水平。研究内容应包括理论分析、实验设计、数据处理和结果讨论等方面，确保研究过程的系统性和全面性（见表5-2）。研究方法可以采用文献查阅、实验测量、数据分析、计算机模拟等多种方式，增强研究的科学性和可靠性。研究计划应包括研究的时间安排、阶段目标和具体任务，确保研究过程有条不紊地进行。

表5-22　研究方案制订情况

研究内容	研究目标	研究方法	时间安排
理论分析	掌握机械波的基本原理	文献查阅、理论计算	第1~2周
实验设计	设计验证机械波传播规律的实验	实验设计、设备准备	第3周
数据处理	处理实验数据，得出机械波传播速度等参数	数据处理软件、图表分析	第4周
结果讨论	分析实验结果，讨论机械波在实际中的应用	结果讨论会、报告撰写	第5周

3. 研究过程的实施

实验操作应严格按照研究方案进行，确保实验的科学性和规范性。数据收集要全面、准确，避免漏记和错记，采用科学的记录方式，如使用实验记录表格记录每次实验的原始数据（见表5-23）。数据分析应利用适当的统计工具和软件进行处理，得出可靠的实验结果。结果讨论则需要对实验数据进行深入分析，得出合理的结论，并结合实际应用进行讨论。例如，在研究"机械波的传播与应用"时，可以通过实验测量不同介质中的波速，分析影响波速的因素，并探讨机械波在通信、地震监测等方面的应用。

表5-23　实验记录

实验编号	实验内容	实验数据	数据分析结果	备注
实验1	不同介质中的机械波速	水中波速：1500m/s	水中波速较快，影响因素为密度	需进一步验证
实验2	不同频率下的波速	频率50Hz时波速：340m/s	波速与频率无关	实验条件需严格控制

4. 研究成果的展示

研究成果的展示是研究性学习的总结和升华，通过展示研究成果，可以提高学生的表达能力和自信心，促进师生之间、学生之间的交流与合作。研究成果展示可以采用多种形式，如书面报告、口头汇报、实验演示、海报展示等。书面报告应包括研究背景、研究方法、研究过程、实验数据、结果分析和结论等内容，格式规范、逻辑清晰。口头汇报应准备充分，语言表达准确，能够清晰地传达研究的过程和结果。实验演示可以通过现场操作或视频演示的方式，直观展示实验过程和结果。海报展示则可以通过图文并茂的形式，生动形象地展示研究成果。

三、研究性学习的实施

1. 学生角色的定位

在研究性学习中，学生不再是知识的被动接受者，而是学习的主动参与者和探究者。学生应具备自主学习和团队合作的能力，能够主动发现问题、提出假设、设计实验、收集和分析数据、得出结论并进行反思。为了实现这一角色转变，学生需要具备一定的知识基础和实验技能，同时也需要培养批判性思维和创新能力。

2. 教师角色的转换

在研究性学习中，教师角色需要从知识的传授者转变为学习的指导者和支持者。教师应注重引导和启发，提供适当的支持和帮助，而非直接给出答案。教师需要具备丰富的学科知识和教学经验，能够在学生遇到困难时提供有效的指导；还需要具备良好的沟通和协调能力，促进学生之间的合作与交流。为了更好地发挥指导作用，教师应设计科学合理的教学计划，制定明确的学习目标，提供必要的资源和工具，指导学生进行课题研究。

3. 研究资源的整合

研究资源包括教材、文献资料、实验设备、信息技术工具等。教材和文献资料是学生获取知识的基础，实验设备和信息技术工具是进行实验和数据分析的必要条件。在整合研究资源时，需要充分利用学校的图书馆、实验室和网络资源，还可以借助社会资源，如科研机构、企业等，获取更多的研究资料和实验设备。

4. 研究方法的选择

研究方法包括文献查阅、实验研究、数据分析、计算机模拟等。文献查阅是获取已有研究成果和理论基础的重要途径，实验研究是验证理论和发现新知识的主要手段，数据分析是处理和解释实验数据的重要环节，计算机模拟是复杂实验和现象研究的有效工具。在选择研究方法时，应根据研究课题的特点和研究目标，合理选择和组合不同的方法，确保研究的科学性和有效性。

第六章　基于核心素养的物理教学策略

第一节　核心素养导向的物理教学设计

一、核心素养的内涵

1. 核心素养的定义

核心素养，作为教育领域的重要概念，指的是个体在适应终身发展和社会发展需要的必备品格和关键能力。对于中职物理教育而言，核心素养不仅涵盖了物理学科的基础知识和技能，更强调了学生在物理学习过程中形成的科学思维、科学探究能力以及科学态度与责任。这种综合性的能力和素质，使学生在面对复杂问题时能够独立思考、有效沟通、协作创新，为他们的终身学习和职业发展奠定坚实基础。

2. 核心素养的分类

将核心素养分类有助于我们更清晰地理解其内涵。根据《中等职业学校物理课程标准》(2020 年版)，物理学科核心素养主要包括 4 个方面：物理观念及应用、科学思维与创新、科学实践与技能、科学态度与责任。这四个方面相互关联、相互促进，共同构成了中职物理教育的核心素养体系。

①物理观念及应用：要求学生形成正确的物质观、运动观、能量观和相互作用观，并能运用这些观念解释自然现象和解决实际问题。

②科学思维与创新：强调学生从物理学视角认识客观事物的本质属性、内在规律，通过分析、综合、推理论证等方法，培养创新能力和批判性思维。

③科学实践与技能：要求学生掌握科学探究的基本方法，能够运用实验、观察、建模等手段进行科学探究，提高实践能力和操作技能。

④科学态度与责任：引导学生从物理学视角认识科学本质，理解科学、技术、社会与环境（STSE）的关系，形成正确的科学态度和社会责任感。

3. 核心素养的特征

核心素养具有以下几个显著特征。

①根本性：核心素养是个体终身发展和社会发展的基础，具有以一知十、以一当十的作用。它为学生提供了解决复杂问题的基本思路和方法，是他们适应未来社会的重要能力。

②生长性：核心素养的培养是一个持续不断的过程，它随着学生年龄的增长和认知水平的提高而不断发展。这种生长性使得学生能够在不断的学习和实践中，提升自己的能力和素质。

③贯通性：核心素养涵盖了知识、能力、态度和价值观等多个方面，它们相互贯通、相互促进。通过培养学生的核心素养，可以使学生形成一个完整的知识结构和能力体系，更好地适应未来社会的需求。

④实践性：核心素养的培养离不开实践。通过科学探究、实验操作等活动，学生可以亲自体验物理学的魅力，加深对物理概念和规律的理解，提高自己的实践能力和创新能力。

4. 核心素养的价值

核心素养的提出对中职物理教育具有重要价值。第一，其适应了社会变革的需求，培养了学生适应未来社会的能力。随着科技的进步和经济的发展，社会对人才的需求也在不断变化。传统的知识传授已经无法满足社会的需求，而核心素养的培养则更注重学生的全面发展和能力的培养。第二，核心素养的提出有助于培养学生的终身学习能力。在信息爆炸的时代，知识的更新速度非常快，只有具备终身学习的能力才能适应不断变化的社会。核心素养的培养注重学生的学习方法和学习动力的培养，使他们具备自主学习的能力和意愿。第三，核心素养的提出有助于促进学生的全面发展。核心素养涵盖了知识、能力、态度和价值观等多个方面，使学生在学习过程中得到全面的发展，不仅有助于学生更好地适应社会的需求，也有助于提高学生的生活质量和幸福感。

二、核心素养的目标

在核心素养导向的中职物理教学中，教学目标的设定应基于物理学科核心素养，明确学生的学习目标、能力目标、情感目标和综合目标，并采用多种教学方法和手段进行教学设计和实施。

1. 学习目标的制订

在中职物理教学中，学习目标的制订应基于物理学科核心素养，明确学生需要掌握的基础知识和基本技能。学习目标应具体、可量化、可评估，并符合学生的认知水平和职业发展需求。学习目标应包括物理概念的理解、物理规律的掌握、物理公式的应用等方面。在力学部分，学生应能够正确理解力的概念、力的合成与分解原理，并能够应用牛顿运动定律解决实际问题。在电磁学部分，学生应能够掌握电路的基本概念、欧姆定律、法拉第电磁感应定律等，并能够进行简单的电路分析和计算。为实现这些学习目标，教师可以采用多种教学方法和手段，如讲授法、实验法、探究法等，以激发学生的学习兴趣和积极性。同时，教师应关注学生的学习过程、及时反馈学生的学习情况，并根据学生的反馈调整教学策略。

2. 能力目标的细化

能力目标是指通过物理学习，学生应形成的解决问题的能力和思维能力。在中职物理教学中，能力目标的细化应基于物理学科核心素养，强调学生的科学探究能力、创新能力、批判性思维等。能力目标应包括科学探究能力的培养、创新能力的激发、批判性思维的形成等方面。在科学探究能力的培养方面，教师可以通过引导学生开展实验设计、实验操作、数据分析等活动，让学生亲自体验科学探究的过程，提高他们的科学探究能力。在创新能力的激发方面，教师可以鼓励学生提出新的问题、想法，并尝试用物理知识解决问题，从而培养他们的创新能力。在批判性思维的形成方面，教师可以通过引导学生对物理问题进行多角度、多层面的思考和分析，培养他们的批判性思维。

3. 情感目标的培养

情感目标是指通过物理学习，学生应形成的对物理学科的情感态度和价值观。在中职物理教学中，情感目标的培养应基于物理学科核心素养，强调学生的科学态度、科学精神、社会责任感等。情感目标应包括科学态度的形成、科学精神的培养、社会责任感的增强等方面。在科学态度的形成方面，教师可以通过引导学生尊重事实、尊重规律、尊重他人等方面进行培养；在科学精神的培养方面，教师可以通过鼓励学生勇于探索、敢于创新、不怕失败等方面进行培养；在社会责任感的增强方面，教师可以通过引导学生关注社会问题、参与社会实践等方面进行培养。

4. 综合目标的实现

综合目标是指通过物理学习，学生应形成的综合运用知识和技能解决实际问题的能力。在中职物理教学中，综合目标的实现应基于物理学科核心素养，强调学生的跨学科整合能力、问题解决能力等。综合目标应包括跨学科整合能力的培养、问题解决能力的提升等方面。例如，在跨学科整合能力的培养方面，教师可以通过引导学生将物理知识与其他学科知识相结合，解决实际问题，培养他们的跨学科整合能力；在问题解决能力的提升方面，教师可以通过引导学生分析问题、提出假设、设计方案、进行实验、分析结果等过程，提高他们的问题解决能力。

三、核心素养的内容

在《中等职业学校物理课程标准》（2020 年版）的指引下，中职物理教学的设计应紧密围绕核心素养的培育展开。核心素养不仅包含了物理学科的基础知识和技能，更强调了学生能力的培养、思维的训练和情感的提升。

1. 知识的整合

在中职物理教学中，知识的整合是核心素养的基础。物理学科的知识体系庞大且复杂，涵盖了力学、热学、电磁学、光学等多个领域。因此，知识的整合不仅要求学生掌握各个领域的基本概念、原理和公式，还要求他们能够将这些知识相互联系、相互渗透，形成完整的知识网络。

为实现知识的整合，教师在教学过程中应注重知识的连贯性和系统性。可以通过概念图、思维导图等工具帮助学生梳理知识脉络，明确知识点之间的联系。同时，教师还可以设计一些综合性较强的教学项目，让学生在实践中体会知识的整合过程。例如，在力学部分的教学中，教师可以设计以"桥梁设计"为主题的项目，要求学生综合考虑重力、弹力、摩擦力等多种因素，设计一座能够承受特定载荷的桥梁。此种做法不仅能够帮助学生巩固力学知识，还能够让他们在实践中体验知识的整合过程。

物理学科与其他学科如数学、化学、生物等有着密切的联系，因此教师还应关注学科之间的交叉融合。在教学过程中，教师可以适当引入其他学科的知识和方法，帮助学生建立跨学科的知识体系。例如，在电磁学部分的教学中，教师可以引入数学中的向量概念来解释电流、电压等物理量；在光学部分的教学中，教师可以引入生物中的视觉机制来解释眼睛的工作原理。

2. 能力的培养

中职物理核心素养中的能力培养包括学生的观察能力、实验能力、分析能力和创新能力等多个方面。观察能力的培养要求教师在教学中引导学生细致观察实验现象和自然现象，并通过设计观察记录表格和观察报告任务来检验学生的观察成果。例如，通过记录表格来追踪光的折射现象中入射角和折射角的变化，学生能够更精确地掌握光的折射定律。实验能力的培养则侧重于学生的动手操作和实验设计能力，同时强调实验安全意识和数据的处理能力。教师可以通过让学生参与实验的各个环节，如实验设计、设备搭建、数据收集和结果分析等，来提升学生的实验能力。例如，通过设计电路实验，学生不仅学会使用万用表测量电阻和电流，还能通过数据处理软件进行实验数据分析，从而深入理解欧姆定律。分析能力的培养通过引导学生对物理问题和实验数据进行深入分析来实现。教师可以设计分析题或综合题，要求学生运用物理知识和逻辑推理来解答。例如，通过分析不同质量的物体在斜面上的运动情况，学生能够运用牛顿运动定律来解释物体的运动状态，并计算摩擦力。创新能力的培养鼓励学生提出新的假设和实验方案，激发他们的创新热情。教师可以通过设计创新性的教学项目或比赛，如科学竞赛或创新实验设计大赛等，来促进学生创新思维的发展。例如，鼓励学生设计新型的太阳能热水器，不仅要考虑热效率，还要考虑成本和环境因素，这样的项目能够锻炼学生的综合创新能力。

3. 思维的训练

在物理教学中，教师应重视学生逻辑思维、形象思维和直觉思维的培养。通过问题的提出和解决，引导学生进行深入思考，发展他们的抽象思维和空间想象能力。例如，在讲解电磁学知识时，教师可以利用电磁场的模拟软件，让学生直观地观察电磁场的分布和变化，从而训练他们的空间想象能力。同时，通过引导学生进行逻辑推理，如从欧姆定律推导出电路的电流和电压关系，可以锻炼学生的逻辑思维。

4. 情感的提升

情感的提升是指在物理教学中，注重培养学生对物理学的兴趣、好奇心和探索精神，以及对科学探究的尊重和热爱。教师应通过创设积极的学习氛围，鼓励学生积极参与教学活动，体验学习的乐趣。教师可以通过讲述物理学史和科学家的故事，激发学生对物理学的兴趣和好奇心。同时，通过展示物理学在现代科技和日常生活中的应用，学生认识到物理学的重要性和实用性，从而提升他们对物理学的情感认同。在教学评价中，教师不仅应评价学生的知识掌握程度，还应关注学生的情感态度和价值观。通过观察学生在课堂讨论、实验操作和项目研究中的表现，评价他们对物理学的兴趣、参与度和合作精神。

四、核心素养的评价

1. 评价标准的建立

评价标准应涵盖知识与理解、科学探究与实验能力、解决实际问题的能力、科学态度与责任等多个方面，体现学生在知识、能力、素养等方面的综合发展。知识与理解方面，需明确具体的知识点、物理概念和基本原理，要求学生能够准确记忆和理解相关内容，标准可包括对不同物理量的定义、基本物理定律的推导和应用、重要实验的原理和步骤等。科学探究与实验能力方面，需规定学生应具备的实验设计能力、数据处理能力和实验结果分析能力，标准可细化为实验方案的合理性、数据记录的准确性、结果分析的逻辑性等具体指标。解决实际问题的能力方面，应包括学生运用物理知识和技能解决生产生活中实际问题的能力，标准可涵盖问题分析的全面性、解决方案的可行性、解决过程的条理性和创新性等。科学态度与责任方面，需体现学生在学习过程中表现出的科学精神、责任意识和团队合作能力，标准可包括实验中的规范操作、探究过程中的积极参与、团队合作中的有效沟通等。

2. 评价工具的选择

评价工具应根据不同的评价标准选择合适的形式，以便全面评估学生的核心素养发展水平。标准化测试是评价学生知识与理解的重要工具，通过选择题、填空题、计算题等形式，考查学生对物理概念、定律和原理的掌握情况。实验操作考核是评价学生科学探究与实验能力的重要手段，通过具体的实验任务和操作步骤，评估学生的实验设计、操作、记录和分析能力。项目作业和案例分析是评价学生解决实际问题能力的有效工具，通过实际问题的提出、分析和解决过程，考查学生运用物理知识和技能解决实际问题的能力。学习档案和反思日志是评价学生科学态度与责任的重要工具，通过学生在学习过程中的记录和反思，评估学生的学习态度、责任意识和团队合作能力。

3. 评价过程的实施

在实施标准化测试时，需制定详细的测试计划和测试流程，确保测试内容覆盖面和测试结果的准确性：测试前应进行试题的命制和审核，确保试题的科学性和合理性；测试中应严格监考，确保测试过程的公正性和规范性；测试后应进行数据的统计和分析，确保测试结果的准确性和可靠性。在实施实验操作考核时，需制定详细的实验考核方案和评分标准，确保实验任务的科学性和可操作性：考核前应进行实验器材的准备和调试，确保实验环境的安全性和实验器材的完好性；考核中应进行全程监控，确保学生操作的规范性和实验结果的准确性；考核后应进行实验报告的评阅和反馈，确保考核结果的客观性和有效性。在实施项目作业和案例分析时，需制订详细的项目任务和评分标准，确保项目任务的实用性和挑战性；作业前应进行任务的分配和指导，确保学生对任务的理解和准备；作业中应进行过程的监督和指导，确保学生在完成任务过程中的积极参与和有效合作；作业后应进行成果的展示和评价，确保作业结果的全面性和实用性。在实施学习档案和反思日志时，需制定详细的记录内容和评估标准，确保记录内容的真实性和完整性；记录前应进行指导和培训，确保学生对记录内容和方法的理解和掌握；记录中应进行过程的监督和反馈，确保记录过程的持续性和规范性；记录后应进行内容的评阅和评价，确保记录结果的客观性和有效性。

4. 评价结果的分析

评价结果的分析应包括数据的收集、整理、统计和解释等多个步骤，通过多元化的分析手段，确保分析结果的科学性和有效性。在数据收集上，需采用多种评价工具，全面、系统地收集学生在学习过程中的评价数据；数据来源包括标准化测试、实验操作考核、项目作业、学习档案等，通过多样化的数据收集方式，确保评价数据的全面性和多样性。在数据整理上，需对收集到的评价数据进行分类、筛选、整理，确保数据的完整性和一致性；数据整理可采用电子表格、数据库等工具，进行数据的录入、清洗、编码、存储等操作，确保数据的准确性和规范性。在数据统计上，需采用多种统计方法，对整理后的评价数据进行量化分析，反映学生在不同评价维度和评价指标上的具体表现和水平；常用的统计方法包括描述统计、推断统计、相关分析、回归分析等，通过统计量的计算和统计图表的展示，直观反映学生的核心素养发展水平。描述统计可采用平均数、中位数、标准差等指标，反映学生在不同评价维度上的总体水平和分布情况；推断统计可采用 t 检验、方差分析等方法，比较不同群体或不同阶段的学习效果差异；相关分析可采用相关系数、散点图等方法，分析不同评价指标之间的关系和影响；回归分析可采用回归方程、回归系数等方法，预测学生核心素养发展的趋势和影响因素。在数据解释上，需结合教学目标、教学内容、教学方法等多种因素，对统计结果进行深入分析和解释，反映评价数据的实际意义和应用价值；数据解释可采用定量分析和定性分析相结合的方法，通过数据的比较、归纳、总结，揭示学生核心素养发展的内在规律和发展趋势。数据解释需遵循科学性和合理性原则，确保分析结果的准确性和客观性，避免分析的片面性和随意性。最终，评价结果需及时、准确地反馈给学生、教师和家长，形成有效的沟通和改进机制，促进教学质量的提升和学生核心素养的发展。

第二节　核心素养导向的物理教师技能要求

一、教学能力的提升

1. 课堂组织能力

（1）课堂管理

在课堂管理上，教师应制定明确的课堂规则和行为规范，确保课堂秩序的稳定和高效；可采用"5S"管理法，通过整理、整顿、清扫、清洁、素养等步骤，规范学生的课堂行为，提升课堂管理的科学性和规范性。

（2）教学资源的合理分配

在教学资源的合理分配上，教师应根据教学内容和教学目标，科学配置教学资源，包括教学仪器、实验器材、多媒体设备、教学资料等，确保教学资源的充分利用和合理配置；可采用资源分配表，详细列出各类教学资源的使用计划和配置方案，确保资源分配的全面性和合理性。

（3）教学节奏的控制

在教学节奏的控制上，教师应根据学生的学习进度和理解程度，科学调整教学节奏，确保教学过程的连贯性和有效性；可采用教学进度表，详细记录每节课的教学内容、教学目标、教学活动等，确保教学节奏的科学性和连贯性。

（4）学生行为的管理

在学生行为的管理上，教师应通过有效的沟通和互动，激发学生的学习兴趣和参与积极性，提升课堂教学的互动性和参与性；可采用行为管理表，记录学生在课堂中的表现和行为，及时给予反馈和指导，确保学生行为的规范性和积极性。

2. 教学设计能力

(1) 教学目标的确定

在教学目标的确定上，教师应根据课程标准和学生实际，科学确定每节课的教学目标，确保教学目标的明确性和可操作性；可采用目标分解表，将教学目标细化为具体的知识点、技能点、素养点等，确保教学目标的全面性和具体性。

(2) 教学内容的选择

在教学内容的选择上，教师应根据教学目标和学生实际，科学选择教学内容，确保教学内容的科学性和适用性；可采用内容选择表，将教学内容细化为具体的知识点、案例、实验等，确保教学内容的全面性和科学性。

(3) 教学方法的设计

在教学方法的设计上，教师应根据教学内容和学生实际，科学设计教学方法，确保教学方法的多样性和有效性；可采用方法设计表，将教学方法细化为具体的讲授法、讨论法、实验法、探究法等，确保教学方法的多样性和适用性。

(4) 教学活动的安排

在教学活动的安排上，教师应根据教学目标和教学内容，科学安排教学活动，确保教学活动的有效性和参与性；可采用活动安排表，将教学活动细化为具体的活动环节、活动内容、活动形式等，确保教学活动的连贯性和有效性。

3. 教学实施能力

(1) 课堂讲授

在课堂讲授上，教师应根据教学设计，科学组织课堂讲授；可采用讲授计划表，详细记录每节课的讲授内容、讲授步骤、讲授重点等，确保讲授内容的科学性和讲授过程的连贯性。

（2）实验指导

在实验指导上，教师应根据实验内容和实验目标，科学指导学生进行实验操作，确保实验过程的规范性和实验结果的准确性；可采用实验指导表，详细记录每个实验的指导内容、指导步骤、指导要点等，确保实验指导的全面性和规范性。

（3）互动交流

在互动交流上，教师应通过有效的互动交流，激发学生的学习兴趣和参与积极性，提升课堂教学的互动性和参与性；可采用互动记录表，记录学生在课堂中的互动表现和互动内容，确保互动交流的有效性和针对性。

（4）课后辅导

在课后辅导上，教师应根据学生的学习情况和个体差异，科学安排，确保辅导内容的针对性和辅导过程的有效性；可采用辅导计划表，详细记录每次辅导的内容、辅导对象、辅导形式等，确保课后辅导的科学性和有效性。

4. 教学评价能力

（1）评价标准的制订

在评价标准的制定上，教师应根据课程标准和教学目标，科学制订，确保评价标准的科学性和可操作性；可采用评价标准表，详细列出每个评价维度和评价指标的具体标准，确保评价标准的全面性和具体性。

（2）评价工具的选择

在评价工具的选择上，教师应根据评价标准和评价目标，科学选择，确保评价工具的多样性和适用性；可采用工具选择表，详细记录每个评价工具的适用范围和使用方法，确保评价工具的科学性和适用性。

（3）评价过程的实施

在评价过程的实施上，教师应严格按照既定的评价标准和评价工具进行，确保评价过程的公正性和科学性；可采用评价实施表，详细记录每次评价的实施步骤和实施内容，确保评价过程的规范性和连贯性。

（4）评价结果的分析

在评价结果的分析上，教师应通过多种分析方法，对评价结果进行全面分析和解读，确保评价结果的科学性和实用性；可采用结果分析表，详细记录每次评价的分析方法和分析结果，确保评价结果的全面性和准确性。通过以上多个环节的有机结合和系统实施，中职物理教师的教学能力可以实现科学化、系统化和有效化，为中职物理教学质量的提升和学生核心素养的发展提供有力支持。

二、专业素质的提高

1. 学科知识的更新

随着科学技术的迅速发展，物理知识也在不断更新和扩展。中职物理教师应密切关注物理学科的前沿动态，及时了解最新的科学研究成果和技术进展。为此，教师可以通过参加学术研讨会、阅读专业期刊、参与在线课程学习等方式，不断更新自己的学科知识。例如，教师可以关注量子力学、纳米技术、新能源技术等领域的最新研究成果，将其融入教学内容中，以拓宽学生的科学视野。为了具体量化教师学科知识更新的效果，可以制定一套评估体系。该体系包括教师对新知识点的掌握程度、在课堂教学中应用新知识的频率，以及学生对新知识的接受程度等指标。通过定期的教学评估和反馈，教师可以清晰地了解到自己学科知识更新的成效，并据此调整自己的学习策略。

2. 教育理论的学习

中职物理教师应系统学习教育学、心理学、课程论等相关学科的理论知识，了解教育发展的最新趋势和理念。通过学习教育理论，教师可以更好地理解学生的学习过程和心理特点，从而设计出更符合学生认知规律的教学策略。为了提高教育理论学习的效果，教师可以采用多种学习方式。例如，可以参加教育类在线课程、阅读教育经典著作、参与教育实践研究等。同时，教师还可以将所学理论知识与教学实践相结合，通过教学反思和案例分析等方式，不断加深对教育理论的理解和应用。

3. 实践经验的积累

教师可以通过参与教学实践、指导学生实验、开展课题研究等方式，积累丰富的实践经验。在实践过程中，教师应注重观察学生的学习表现和反应，及时调整教学策略和方法，以提高教学效果。教师可以建立自己的教学档案袋。档案袋中可以包括教学计划、教案、教学反思、学生作品、教学视频等资料。通过定期整理和回顾档案袋中的内容，教师可以清晰地了解到自己在实践中的成长和进步，并为今后的教学提供有力的支持。

4. 反思能力的增强

教师应在教学实践中不断反思自己的教学行为和方法，总结经验教训，形成自己的教学风格和特色。同时，教师还应关注学生的学习反馈和评价结果，及时调整教学策略和方法，以满足学生的学习需求。为了培养和提高教师的反思能力，可以采用以下方法：一是建立教学反思制度，要求教师在每节课后进行反思和总结；二是开展教学反思交流活动，鼓励教师分享自己的教学经验和心得；三是引入外部评价机制，通过学生评价、同行评价等方式，为教师提供客观、全面的教学反馈。

三、职业素养的塑造

1. 教师道德的践行

作为一名合格的物理教师，应始终坚守教师职业道德规范，以身作则，为学生树立榜样。在教学过程中，教师应尊重学生的人格尊严，关注学生的情感需求，努力营造和谐、积极的学习氛围。同时，教师还应具备高度的责任感和敬业精神，以严谨的教学态度、科学的教学方法，为学生提供优质的教育服务。教师可以通过课堂互动、课外辅导等方式，深入了解学生的学习和生活状况，关注学生的成长和发展。在评价学生时，教师应以公正、公平、公开为原则，注重学生的全面发展和个性差异。此外，教师还应积极参与学校和社会组织的公益活动，发挥自身的专业优势，为社会做出贡献。

2. 教育信念的坚定

教师应坚信教育的力量，相信每一个学生都有发展的潜力和可能。在教学过程中，教师应积极引导学生树立正确的世界观、人生观和价值观，培养学生的社会责任感和创新精神。为实现这一目标，教师应不断更新教育观念，关注教育前沿动态，不断提高自身的专业素养和教学能力。同时，教师还应积极参与教育教学改革，勇于尝试新的教学方法和手段，为学生提供更加优质的教育服务。

3. 教学风格的形成

每位教师都应根据自己的教学经验和个性特点，形成独特的教学风格。这种风格应既符合学科特点，又能激发学生的学习兴趣和积极性。在教学过程中，教师应注重培养学生的自主学习能力和创新能力。为此，教师可以采用启发式教学、探究式教学等方法，引导学生主动发现问题、解决问题。同时，教师还应注重与学生的互动和交流，鼓励学生表达自己的观点和想法，培养学生的沟通能力和合作精神。

4. 教育智慧的积累

教育智慧是中职物理教师在长期教学实践中形成的宝贵财富，包括对教育规律的深刻认识、对教学方法的灵活运用以及对教育问题的敏锐洞察等。为了积累教育智慧，教师应注重教学反思和总结。每次教学结束后，教师应及时回顾教学过程，分析教学效果和存在的问题，提出改进措施和建议。此外，教师还应积极参与教育教学研究，与同行交流教学经验和方法，共同推动中职物理教学的改革与发展。

第三节　物理教学中学生学科核心素养的培养

一、知识与技能的整合

1. 知识结构的构建

在中职物理教学中，教师应基于物理学科的内在逻辑，将分散的知识点有机地整合成完整的知识体系。具体做法包括设计模块化教学单元，每个单元涵盖相对独立但又互相联系的知识点，通过网络图、概念图等工具呈现知识结构，帮助学生形成宏观视角。例如，在讲授力学时，可将力、运动学、能量等内容作为一个整体模块，从基本概念到复杂应用逐步展开，形成完整的力学知识体系。首先，设计模块化教学单元，将力、运动学和能量等相关内容作为一个整体进行讲解，使学生能够系统地理解和掌握力学的基本概念和原理。其次，在教学过程中，教师可以利用网络图、概念图等工具，将分散的知识点有机地整合在一起，帮助学生形成完整的知识结构。具体操作中，教师可以设计表格，展示力学中各个知识点之间的联系，如表6-1所示。

表6-1　力学中各个知识点之间的联系

知识点	关联概念	应用示例
力	作用力与反作用力	静摩擦力与滑动摩擦力
运动学	匀速运动与变速运动	自由落体运动
能量	动能与势能	能量守恒定律

　　结构化的知识构建不仅有助于学生系统地理解和掌握力学知识，还能提高其应用能力。实际教学中，教师还可以利用信息技术手段，如计算机仿真软件和虚拟实验室，增强知识结构的可视化和动态化。例如，教师可以利用仿真软件模拟不同力学现象，如自由落体运动、弹簧振动等，通过直观的演示帮助学生理解抽象的物理概念。虚拟实验室的应用也能让学生在安全的环境中进行各种实验，培养其实践操作能力和科学探究精神。

2. 学科技能的培养

　　《中等职业学校物理课程标准》（2020年版）强调了实验技能、计算技能、问题解决能力等方面的综合培养。在具体操作中，通过在教学过程中融入探究性实验和项目化学习，使学生在实验设计、数据分析、模型建构等活动中掌握基本的实验操作和科学探究方法。例如，在电学部分，可以通过设计电路实验，让学生实际操作测量电流和电压，并用欧姆定律进行计算验证，从而培养学生的实验技能和逻辑思维能力。具体步骤包括搭建简单的电路模型，使用万用表测量不同条件下的电流和电压，并记录数据进行分析。如表6-2所示，通过记录和分析不同电阻值下的电流和电压关系，学生可以直观理解欧姆定律的应用。

表 6-2   不同电阻值下的电流和电压关系

电阻值（Ω）	电压（V）	电流（A）
10	5	0.5
20	5	0.25
30	5	0.167

项目化学习能有效提高学生的动手能力，增强合作意识和创新能力。在项目化学习中，学生可以分组合作完成一个综合性实验项目，如设计和制作一个简单的电子装置，通过调试和优化电路，解决实际问题。这种学习方式不仅增强了学生的团队合作精神，还培养了其创新能力和实际应用能力。

此外，教师应注重计算技能的培养，通过习题训练和计算工具的使用，使学生熟练掌握物理公式的运用和数据处理方法。例如，在讲解运动学时，通过练习不同加速度和初速度条件下的运动方程，帮助学生理解并应用公式 $s = ut + \dfrac{1}{2}at^2$ 进行位移计算。通过不断的习题训练，学生能够准确快速地进行计算，培养其精确的计算能力。教师还可以引入计算软件，如 Excel 或 MATLAB，进行数据处理和图表绘制，使学生掌握现代化的计算工具，提升数据处理效率和精度。如表 6-3 所示，使用 Excel 绘制不同运动条件下的位移—时间表，学生能够更直观地理解物理概念和规律。

表 6-3   不同运动条件下的位移—时间情况

时间（s）	位移（m）
1	2
2	4.5
3	8
4	12.5

3. 学习方法的指导

《中等职业学校物理课程标准》（2020 年版）指出，教师应在教学中渗透科学的学习方法指导，帮助学生形成良好的学习习惯。预习可以帮助学生对即将学习的内容有一个初步的了解和思考，而复习则是巩固和深化知识的关键。教师应教授学生如何使用笔记整理等技巧来梳理知识脉络，例如在讲解电磁学时，可以指导学生记录关键概念、公式和定理，并通过归纳总结，形成自己的知识框架。整理过程不仅有助于学生在课堂上更好地跟随教师的思路，还能在课后复习时快速回顾和巩固知识点。另外，教师应鼓励学生制定个人学习计划、合理安排每日学习时间，确保有足够的时间用于预习、课堂学习、复习和自我拓展。通过这样的时间管理，学生可以更专注于学习、减少时间浪费、提高学习效率。为了评估学生学习方法的掌握情况，教师可以设计包含自我评价和同伴评价的机制。通过定期的学习反思和讨论，学生可以了解自己在学习方法上的优势和不足，并从同伴那里获得反馈和建议。

4. 学习习惯的养成

在物理教学中，学生学科核心素养的培养不仅涉及知识的积累，更侧重于学生知识与技能的整合以及良好学习习惯的养成。在培养学习习惯方面，教师需要明确并落实一系列具体的做法和要求。通过制定明确的作业和实验报告规范，教师可以引导学生形成认真仔细、按时完成任务的习惯。例如，规定学生在解题时必须详细列出解题步骤和计算过程，不仅有助于教师准确评估学生的学习情况，更能帮助学生形成良好的解题习惯和思维逻辑。

二、思维能力的提升

1. 分析能力的培养

通过系统的教学方法和具体的实践活动，学生能够提高分析问题、解读现象的能力。教师可以通过案例教学法，将复杂的物理现象分解成具体的案例，逐步引导学生进行分析。例如，在讲授电磁感应时，可以通过实际生活中的发电机案例，帮助学生理解法拉第电磁感应定律。教师可以设计表格（见表6-4），记录不同条件下的实验数据，帮助学生分析影响电磁感应现象的因素。

表 6-4　电磁感应实验数据

线圈匝数（N）	磁场强度（T）	切割速度（m/s）	感应电动势（V）
50	0.5	2	0.5
100	0.5	2	1
50	1	2	1
50	0.5	4	1

　　通过分析表格 6-4 的数据，学生能够理解线圈匝数、磁场强度和切割速度对感应电动势的影响，从而掌握电磁感应的基本规律。教师还可以引导学生进行图表分析，例如绘制线圈匝数与感应电动势的关系图，通过曲线的变化趋势，进一步理解定量关系。

　　此外，教师可以采用对比分析法，通过对比不同物理现象和实验结果，帮助学生进行深入的分析。例如，在讲授波动学时，可以通过对比机械波和电磁波的传播特性，引导学生分析它们的异同点。通过设立实验项目，如在水槽中制造机械波，并通过计算机模拟电磁波传播，让学生观察和记录两种波的传播速度、波长和频率等参数。如表 6-5 所示，通过对比不同类型波动的特性，学生能够加深对波动现象的理解。

表 6-5　同类型波动的特性

波类型	传播介质	传播速度（m/s）	波长（m）	频率（Hz）
机械波	水	1.5	0.1	15
电磁波	真空	3.0×10^8	0.01	3×10^9

2. 解决问题的能力

　　教师可以通过设立模拟竞赛或挑战任务，培养学生解决问题的能力。例如，设计一个简单的电动小车比赛，要求学生运用力学、电学和机械原理，设计并制作出性能最佳的小车。学生需要进行多次实验和调整，通过解决遇到的各种问题，不断优化设计，提高小车的性能。如表 6-6 所示，通过记录不同设计方案的性能参数，学生能够直观地比较和分析不同方案的优劣。

表 6-6　电动小车方案性能对比

设计方案	电动机功率（W）	小车质量（kg）	速度（m/s）	续航时间（min）
方案一	5	1	2.5	30
方案二	7	1.2	3	25
方案三	6	1.1	2.8	28

3. 创新思维的激发

在激发创新思维方面，通过引入跨学科项目，可以激发学生的创新思维。例如，将物理与工程技术相结合，设计综合性项目任务：制作一座太阳能小屋。学生需要综合运用光学、热学和电学知识，设计并制作出一座利用太阳能进行供电和供热的小屋。如表 6-7 所示，通过记录和分析不同设计方案的性能参数，学生能够不断优化设计，提高创新能力。

表 6-7　太阳能小屋方案性能对比

设计方案	太阳能电池效率（%）	小屋温度控制（℃）	电力输出（W）
方案一	15	22	150
方案二	18	24	180
方案三	20	23	200

4. 批判思维的训练

在学生批判思维的训练中，可以采用案例分析法，培养学生的批判思维能力。例如，在讲授电磁学时，可以通过历史案例分析，引导学生思考和讨论科学理论的发展和演变。例如，通过分析麦克斯韦电磁理论的提出和发展过程，让学生理解科学理论的批判性和创新性，培养其批判思维能力。如表 6-8 所示，通过对比不同科学家的理论观点，学生能够理解科学研究的批判性和严谨性。

表 6-8　科学家的理论观点对比

科学家	理论观点	实验数据	影响
法拉第	电磁感应定律	磁场变化引起电动势	开创电磁学领域

续表

科学家	理论观点	实验数据	影响
麦克斯韦	电磁场理论	电磁波存在	统一电磁学理论
爱因斯坦	相对论	光速不变原理	变革经典力学

此外，教师应通过设计批判性思维训练活动，培养学生的批判思维能力。例如，通过设立问题解决任务，让学生在解决实际问题的过程中，进行批判性思考和分析。教师可以设计一个任务：如何提高电动汽车的续航能力。让学生通过查阅资料、分析数据、设计方案，进行批判性思考和讨论。在任务过程中，学生需要分析电池技术、能量管理和车辆设计等多个因素，提出改进方案并进行论证。通过这种批判性思维训练活动，学生能够在解决实际问题的过程中，培养批判性思维和科学分析能力，提高综合素质。

三、科学态度的养成

1. 探究精神的培育

通过探究性学习和科学实验，学生能够形成主动探究和勇于创新的精神。教师可以通过设计开放性问题和实验任务，激发学生的探究兴趣。例如，在力学部分，教师可以提出开放性问题："影响物体自由落体运动的因素有哪些?"学生需要通过查阅资料、设计实验方案、进行实验验证，逐步解决这个问题。通过这种探究性学习，学生能够在动手实践中，培养主动探究和科学思考的精神。表6-9展示了不同物体在自由落体实验中的数据记录，通过对比分析不同物体的下落时间和速度，学生能够理解重力加速度的概念和影响因素。

表6-9 不同物体的下落时间和速度

物体类型	质量（kg）	下落高度（m）	下落时间（s）	速度（m/s）
钢球	1	10	1.43	9.8
木块	0.5	10	1.43	9.8
羽毛	0.01	10	3	9.8

2. 严谨态度的形成

通过严格的实验操作和数据分析，学生能够理解科学实验的严谨性和精确性，培养认真负责的科学态度。例如，在讲授电学实验时，教师可以要求学生精确测量电流和电压，并记录实验数据，通过多次实验验证，确保数据的准确性和可靠性。学生可以记录不同条件下的电流和电压测量数据，进行数据分析和比较，从而理解电阻的概念和欧姆定律的应用，如表6-10所示。

表6-10　不同条件下的电流和电压测量数据

实验次数	电压（V）	电流（A）	电阻（Ω）
1	5	0.5	10
2	10	1	10
3	15	1.5	10

教师还可以通过设计严谨的实验流程和操作规范，培养学生的严谨态度。例如，在进行热学实验时，要求学生严格按照实验步骤进行操作，精确控制实验条件，记录温度变化和热量传递数据。通过多次实验验证和数据对比，确保实验结果的准确性和可靠性。将不同温度条件下的热传递数据进行记录，然后进行数据分析，学生能够理解热传导和热对流的基本原理，进一步培养其严谨的科学态度，如表6-11所示。

表6-11　不同温度条件下的热传递数据

实验次数	初始温度（℃）	最终温度（℃）	热量传递（J）
1	25	35	100
2	30	40	100
3	35	45	100

3. 合作意识的增强

教师可以通过设计团队合作项目，增强学生的合作意识。例如，在电学部分，教师可以设立一个团队项目：设计并制作一个简单的电动小车。学生需要分组合作，进行任务分工：设计电路图、选择电动机、组装电动小车，并进行调试和优化。在团队合作项目中，学生能够在合作中学习，相互帮助和支持，培养良好的合作意识和团队精神。不同小组在电动小车设计中的任务分工和进展情况如表6-12所示，通过团队合作，学生能够有效完成项目任务，增强合作意识和团队精神。

表6-12　电动小车设计任务分工及进展记录

小组名称	任务分工	进展情况	备注
小组一	电路设计	已完成	电路图设计
小组二	电动机选择	已完成	电动机型号
小组三	小车组装	进行中	组装调试
小组四	方案优化	待开始	优化设计

教师还可以通过设立合作性实验任务，增强学生的合作意识。例如，在热学部分，教师可以设立合作性实验任务：设计并制作一个简易的太阳能热水器。学生需要分组合作：材料选择、结构设计、实验测试和优化改进，通过团队合作，完成整个项目。通过这种合作性实验任务，学生能够在实际操作中，培养合作意识和团队精神，提高动手能力和科学探究能力。不同小组在太阳能热水器设计中的实验数据如表6-13所示，通过团队合作和数据分析，学生能够理解太阳能热利用的基本原理和实际应用，进一步增强合作意识和团队精神。

表6-13　不同小组在太阳能热水器设计中的实验数据统计

小组名称	太阳能板面积（m^2）	热水温度（℃）	热量传递（J）	备注
小组一	1	50	200	初次测试
小组二	1.5	55	250	优化设计
小组三	2	60	300	二次测试
小组四	2.5	65	350	最终优化

4. 社会责任的承担

在社会实践项目中，学生能够更加深切理解能源利用和环境保护的意义，培养社会责任感和环境保护意识。以能源利用和环境保护为例，教师可以设计一项名为"本地区能源利用与环境现状调研"的社会实践项目。该项目要求学生通过实地考察、问卷调查、数据分析等方法，对本地区的能源消耗模式、可再生能源使用比例、环境质量状况等进行系统调研。通过收集具体的能源消耗数据，如电力、水资源、化石燃料等的使用量，以及环境指标数据，如空气质量指数（AQI）、水质污染指数等，学生能够对本地区的能源与环境状况有一个全面的了解。

此外，教师还可以设立名为"校园节能方案设计与实施"的环境保护项目。在这个项目中，学生需要调查校园内部的能源使用情况，包括照明、空调、电脑等设备的能耗，并运用物理原理，如功率（P）、能量（E）和效率（η）等概念，计算校园的总能耗和能效比（见表6-14）。根据调查结果，学生可以设计一套节能方案，包括改进照明系统、优化空调使用、推广电子设备节能模式等措施。为了评估节能方案的效果，可以采用公式 节能效果 = $\frac{实施前能耗 - 实施后能耗}{实施前能耗} \times 100\%$ 来计算节能效果。对实施前后的能耗数据进行分析后，学生可以量化节能方案的成效，并据此进行方案的调整和优化。

表6-14 校园节能方案实施前后能耗对比

设备类型	实施前能耗（kW·h）	实施后能耗（kW·h）	节能效果（%）
照明	50000	40000	20
空调	30000	25000	16.67
电脑	20000	15000	25

四、综合素质的提高

1. 情感态度的培养

在物理教学中，学生学科核心素养的培养不应局限于知识与技能的传授，更应重视综合素质的提升，特别是情感态度的培养。情感态度作为学生学习过程中的内在动力，对其物理学科的学习效果、创新思维以及未来职业发展具有深远的影响。

为了有效培养学生的情感态度，教师应在教学过程中采取多种策略和方法。第一，教师需要精心设计教学内容，将物理学的趣味性和实用性融入其中，以激发学生的学习兴趣和热情。通过展示物理学在日常生活和现代科技中的广泛应用，可以让学生深刻认识到物理学的实际价值和魅力，从而增强学习的主动性和积极性。第二，教师可以通过组织多样化的教学活动来培养学生的情感态度。物理竞赛、实验展示等活动不仅可以为学生提供展示自我的平台，还能通过竞争与合作的方式激发他们的学习动机和自信心。同时，这些活动也能促进学生之间的交流与互动，增强团队协作能力和集体荣誉感。

教师在课堂上应保持积极、热情的态度，以自身的专业素养和人格魅力感染学生，引导他们形成正确的学习态度和价值观。教师应关注学生的个体差异，针对不同学生的特点和需求制定个性化的培养方案，使每个学生都能在物理学习中获得成就感和自信心。为了科学评估情感态度培养的效果，教师需要采用多元化的评价方式。问卷调查和访谈是常用的方法之一，通过定期收集学生的反馈意见，教师可以了解学生在学习过程中的情感变化和学习动机，从而及时调整教学策略。同时还可以利用课堂观察、作业分析等方式来评估学生的学习态度和表现，为情感态度的培养提供有力的数据支持。在信息化时代背景下，情感态度的培养可以利用信息技术手段来辅助。多媒体教学资源和虚拟实验平台等信息化工具能够增强课堂的互动性和趣味性，使抽象的物理知识变得生动具体、易于理解。

2. 价值观念的塑造

在基于核心素养的中职物理教学中，学生学科核心素养的培养不仅涉及知识与技能的传授，更强调价值观念的塑造与学习习惯的养成。这两方面的培养对于学生的全面发展具有深远影响，有助于学生形成正确的人生观、世界观和价值观，并培养良好的学习态度和习惯。

物理学作为自然科学的重要分支，不仅揭示了自然界的奥秘，也蕴含着丰富的科学精神和人文精神。在教学过程中，教师应注重渗透这些精神，帮助学生树立正确的价值观念。教师可以通过引入物理学史和科学家事迹的介绍，使学生了解科学家在探索自然奥秘过程中所表现出的坚持不懈、勇于创新的精神。例如，伽利略对自由落体运动的研究、牛顿对万有引力定律的推导、爱因斯坦对相对论的提出等，都是科学探索的典范。这些故事能够激发学生的科学兴趣，培养学生的科学精神，使学生认识到科学探索的不易和科学精神的崇高。

除了物理学史和科学家事迹的介绍，教师还可以组织专题讨论和社会实践活动，以深化学生对科学精神和人文精神的理解。专题讨论可以围绕物理学发展的伦理问题和社会影响展开，如核能利用、环境保护等。通过讨论，学生可以了解科学技术对社会的影响，认识到自己在社会中的责任和义务。社会实践活动则可以让学生亲身参与科普宣传、科学实验等活动，通过实践体验加深对科学精神和人文精神的理解。在培养学生的反思和自我提升能力方面，教师可以通过定期的学习反馈和评价，帮助学生及时发现和改进学习中的问题。利用班会、讨论会等形式，组织学生进行学习经验和方法的交流，促进学生之间的互相学习和共同进步。

3. 综合能力的提升

在当今教育领域，教师的角色已不再局限于知识的传授者，而是转变为引导者和促进者，其职责在于培养学生的学习能力、实践能力和创新能力。教学活动应当围绕学生的全面发展展开，强调理论与实践相结合，以期学生成为能够适应社会需求的技术技能人才。

为了实现这一目标，教师在教学设计中必须考虑如何有效地整合学科知识与培养实践技能。课程内容不仅要涵盖基础理论，还要包括实际应用的案例研究和项目式学习，以便学生能够理解知识的实际价值。例如，在物理课程中，可以通过实验室工作和现场实习来加深对物理学原理的理解，让学生在动手操作中掌握科学方法，学会观察、假设、实验和分析。教师应当鼓励学生参与科学竞赛和创新实验等活动，这不仅是对学生知识的一种检验，更是对他们实践能力的一种锻炼。教师可以作为指导者，帮助学生设定合理的项目目标，提供必要的资源，并在过程中给予适当的反馈和建议，以此来支持学生的探索和创新。

考虑到学生的个体差异，教师需要采用差异化教学策略。因此需要进行学生能力水平评估，并据此调整教学计划和资源分配，确保每个学生都能在适合自己的进度下学习。对于基础较弱的学生，教师可以提供额外的支持和辅导；而对于那些学有余力的学生，则可以提供更高级的材料和挑战性的任务，以保持他们的学习动力。这种个性化的教学方法有助于每个学生最大限度地发挥潜力，实现个人能力的提升。

4. 终身学习的意识

在中职物理教学中，培养学生的终身学习意识关乎学生当前的学习成效及其未来职业生涯和个人成长。《中等职业学校物理课程标准》（2020 年版）明确指出，教师需在教学过程中积极引导学生认识持续学习的价值，并为其提供必要的工具和环境。教师应将现代物理学的最新研究成果，如粒子物理、量子计算等领域知识融入课程，让学生接触并理解科学的前沿动态，激发好奇心和求知欲，同时建立起对未来科学发展方向的认识，培养对知识更新的渴望。推荐在线课程平台上的物理课程，鼓励学生根据自身兴趣和需求自主选择学习内容，拓宽知识面，深化对特定主题的理解，从而习惯在无直接监督下主动获取知识，这是终身学习的关键。学习日志作为有效手段，不仅能够记录学生的学习过程，反映其学习态度和习惯；还能够帮助教师了解学习进展，识别难点和兴趣点，适时调整教学策略。在线学习平台和虚拟实验室等信息技术手段提供丰富的学习资源和实践机会，模拟复杂物理实验、提供实时数据和反馈，使学生即便在家也能进行实验操作，巩固理论知识，提高实践技能。

第七章　基于现代信息技术的物理教学创新

第一节　信息技术教学方法的基本概念

一、信息技术的内涵

1. 信息技术的定义

信息技术（Information Technology，IT）是指用于处理信息的各类技术手段的总称。具体而言，信息技术包括计算机技术、网络技术、通信技术以及软件开发技术等。信息技术在现代教育中的应用，不仅涵盖了硬件设备的使用，如计算机、投影仪、交互式电子白板等，还包括软件工具和平台，如LMS、虚拟实验室、教育应用软件等。通过信息技术，教师可以实现教学资源的数字化，学生可以利用网络进行自主学习和协作学习，极大地提高了教学的效率和效果。《中等职业学校物理课程标准》（2020 年版）中信息技术的定义更加强调了其在教育中的应用，特别是在物理教学中的重要作用，具体体现在数字化教学资源的开发、虚拟仿真实验的实施、远程教育的开展等方面。

2. 信息技术的分类

信息技术的分类主要包括硬件技术和软件技术两大类。硬件技术包括计算机、服务器、网络设备、存储设备等；软件技术包括操作系统、数据库管理系统、应用软件、网络管理软件等。在物理教学中，常用的硬件设备包括计算机、投影仪、交互式白板、传感器和数据采集器等；常用的软件工具包括 LMS、物理仿真软件（如 PhET 仿真实验）、数据分析软件（如 Excel、MATLAB）等。此外，还包括网络平台和工具，如 MOOCs 平台、在线讨论工具、视频会议工具等。

3. 信息技术的特点

信息技术在教育中的特点主要包括数字化、交互性、实时性和便捷性。数字化是指信息技术可以将教学资源、教学过程和教学评估等各个环节实现数字化处理，方便存储、管理和传输。交互性是指通过信息技术，教师和学生可以进行实时的互动和交流，如通过电子白板进行课堂互动，通过在线讨论区进行课后交流等。实时性是指信息技术可以实现教学过程的实时监控和反馈，如通过 LMS 实时跟踪学生的学习进度和效果。便捷性是指信息技术可以大大简化教学资源的获取和使用过程，教师可以方便地获取和利用各种数字化教学资源，学生可以通过网络随时随地进行学习。

4. 信息技术的价值

信息技术在物理教学中的价值体现在多个方面。首先，信息技术可以丰富和优化教学资源，提高教学内容的多样性和趣味性，如通过虚拟实验和仿真实验让学生在安全、可控的环境中进行实验操作。其次，信息技术可以提高教学的效率和效果，通过自动化的教学管理和数据分析，教师可以更好地掌握学生的学习情况，并及时调整教学策略。再次，信息技术还可以促进教学的公平性和普及性，通过在线教育平台，偏远地区的学生也可以享受到优质的教育资源。最后，信息技术可以培养学生的信息素养和创新能力，帮助他们更好地适应未来社会的发展需求。

二、信息技术的应用

1. 教学中的应用

在教学中，信息技术的应用主要体现在教学内容的展示、教学过程的管理和教学效果的评估等方面。教师可以利用多媒体课件、电子白板、虚拟实验室等工具，将抽象的物理概念和原理以直观、生动的方式展示出来，帮助学生更好地理解和掌握。同时，教师可以利用 LMS 进行教学过程的管理，如布置作业、进行测试、收集和分析学生的学习数据等，及时掌握学生的学习情况，并根据需要调整教学策略。此外，信息技术还可以用于教学效果的评估，通过在线测试、自动评分系统等工具，教师可以快速、准确地评估学生的学习效果，并及时反馈给学生。

2. 学习中的应用

在学习中，信息技术的应用主要体现在学习资源的获取、学习过程的记录和学习效果的反馈等方面。学生可以利用网络获取各种丰富的学习资源，如在线课程、教学视频、电子教材、虚拟实验等，进行自主学习和探究学习。同时，学生可以利用 LMS 记录和管理自己的学习过程，如记录学习时间、跟踪学习进度、分析学习效果等，提高学习的自主性和计划性。此外，信息技术还可以用于学习效果的反馈，通过在线测试、学习分析工具等，学生可以及时了解自己的学习情况，发现学习中的问题，并采取相应的改进措施。根据《中等职业学校物理课程标准（2020 年版)》，信息技术的应用还包括学习的个性化和协作化，通过智能学习系统，学生可以根据自己的学习情况和兴趣选择适合的学习资源和学习方式，通过网络平台，与其他学生进行学习交流和协作，提高学习的效果和乐趣。

3. 管理中的应用

在管理中，信息技术的应用主要体现在教学管理、学生管理和资源管理等方面。教学管理包括课程安排、教学计划、教学评估等，教师可以利用 LMS 进行课程的安排和调整、制定教学计划、进行教学评估、提高教学管理的效率和科学性。学生管理包括学生档案、学习记录、成绩分析等，教师可以利用学生管理系统记录和管理学生的学习情况，进行成绩分析和学情分析，帮助学生制订合理的学习计划。资源管理包括教学资源、实验资源、图书资源等，教师可以利用资源管理系统进行教学资源的管理和共享，提高资源的利用率和效益。

4. 评价中的应用

在评价中，信息技术的应用主要体现在评价标准的制定、评价方法的选择和评价结果的分析等方面。评价标准包括知识掌握、能力培养、思维训练、情感态度等，教师可以利用信息技术制定科学、合理的评价标准，提高评价的客观性和准确性。评价方法包括在线测试、自动评分、学习分析等，教师可以利用信息技术进行多样化的评价，提高评价的效率和效果。评价结果包括成绩分析、学情分析、教学反馈等，教师可以利用信息技术对评价结果进行全面、系统地分析，发现教学和学习中的问题，提出改进的建议和措施。

三、信息技术的影响

1. 教学模式的变革

信息技术对教学模式的影响主要体现在教学内容、教学过程和教学评价等方面。教学内容方面，信息技术丰富了教学资源和教学手段，使教学内容更加直观、生动和多样化，如通过多媒体课件、虚拟实验、交互式白板等展示物理现象和原理。教学过程方面，信息技术改变了传统的教学组织和管理方式，使教学过程更加灵活、高效和个性化，如通过在线课程、LMS、智能教学平台等进行教学组织和管理。教学评价方面，信息技术提供了多样化的评价工具和方法，使教学评价更加全面、科学和及时，如通过在线测试、自动评分、学习分析等进行评价。

2. 学习方式的转变

信息技术对学习方式的影响主要体现在学习资源、学习过程和学习评价等方面。学习资源方面，信息技术丰富了学习资源的种类和获取方式，使学生可以随时随地获取丰富、多样的学习资源，如在线课程、教学视频、虚拟实验等。学习过程方面，信息技术改变了传统的学习方式和习惯，使学习过程更加自主、灵活和个性化，如通过在线学习平台、智能学习系统、LMS 等进行自主学习和协作学习。学习评价方面，信息技术提供了多样化的评价工具和方法，使学习评价更加科学、全面和及时，如通过在线测试、自动评分、学习分析等进行评价。

3. 教师角色的转型

信息技术对教师角色的影响主要体现在教师的知识结构、教学方法和教学管理等方面。知识结构方面，信息技术要求教师不仅具备扎实的专业知识，还要掌握信息技术的基本知识和技能，能够利用信息技术进行教学资源的开发和教学过程的管理。教学方法方面，信息技术要求教师不仅能够进行传统的讲授式教学，还能够进行互动式、探究式和个性化的教学，利用信息技术进行教学设计、教学实施和教学评价。教学管理方面，信息技术要求教师不仅能够进行课堂管理，还能够进行在线课程的管理、学习过程的跟踪和评价结果的分析，利用信息技术进行教学管理和教育决策。

4. 学生角色的变化

信息技术对学生角色的影响主要体现在学生的知识结构、学习方法和学习管理等方面。知识结构方面，信息技术要求学生不仅具备扎实的学科知识，还需掌握信息技术的基本知识和技能，能够利用信息技术进行自主学习和探究学习。学习方法方面，信息技术要求学生不仅能够进行传统的被动学习，还能够进行主动学习、合作学习和个性化学习，利用信息技术进行学习资源的获取和学习过程的管理。学习管理方面，信息技术要求学生不仅能够进行自我管理，还能够进行学习计划的制订、学习进度的跟踪和学习效果的评价，利用信息技术进行学习管理和学习评价。

四、信息技术的挑战

1. 技术设备的更新

信息技术的发展日新月异，技术设备的更新速度非常快，这给教育信息化带来了巨大的挑战。教育机构需要不断投入资金和资源，更新和维护教学设备和软件，确保教学设备和软件的先进性和适用性。此外，教育机构还需要提供相应的技术支持和培训，帮助教师和学生掌握新设备和新软件的使用方法，提高他们的信息技术应用能力。根据《中等职业学校物理课程标准》（2020年版），技术设备的更新不仅是技术问题，更是管理和制度问题，需要通过科学的规划和管理，确保技术设备的更新和维护，推动教育信息化的持续发展。

2. 信息资源的管理

信息技术的发展带来了海量的信息资源，这给信息资源的管理带来了巨大的挑战。教育机构需要建立科学的管理制度和技术手段，进行信息资源的分类、存储、检索和共享，确保信息资源的安全性和有效性。此外，教育机构还需要建立相应的版权保护和隐私保护制度，确保信息资源的合法性和合规性。根据《中等职业学校物理课程标准》（2020 年版），信息资源的管理不仅是技术问题，更是管理和制度问题，需要通过科学的管理和制度建设，确保信息资源的高效管理和合理利用，推动教育信息化的健康发展。

3. 网络安全的问题

信息技术的发展带来了网络安全的问题，这给教育信息化带来了巨大的挑战。教育机构需要建立科学的网络安全管理制度和技术手段，进行网络安全的监控、防护和应急处理，确保网络的安全性和稳定性。此外，教育机构还需要进行网络安全的教育和培训，提高教师和学生的网络安全意识和技能，防范网络安全风险。根据《中等职业学校物理课程标准》（2020年版），网络安全的问题不仅是技术问题，更是管理和制度问题，需要通过科学的管理和制度建设，确保网络的安全和稳定，推动教育信息化的可持续发展。

4. 数字鸿沟的缩小

信息技术的发展带来了数字鸿沟的问题，这给教育公平性带来了巨大的挑战。教育机构需要通过科学的规划和政策支持，缩小城乡之间、地区之间和学校之间的信息技术应用水平的差距，确保所有学生能够平等地享受信息技术带来的教育资源和教育机会。此外，教育机构还需要通过科学的管理和制度建设，确保信息技术的普及和应用，推动教育公平和教育现代化的发展。根据《中等职业学校物理课程标准》（2020 年版），数字鸿沟的缩小不仅是技术问题，更是管理和制度问题，需要通过科学的规划和政策支持，推动教育公平和教育现代化的实现。

第二节　基于信息技术的教学过程模式

一、课前准备的优化

1. 教学资源的收集

课前准备的第一步是教学资源的收集，教师应充分利用互联网、数字图书馆、开放教育资源平台等渠道，收集并整理丰富的教学资源。具体而言，可以通过搜索引擎查找与课程相关的学术论文、专著、技术报告等，以便在课堂上引入最新的研究成果和理论进展。此外，可以利用在线教育平台（如Coursera、edX等）上的课程视频、电子教材和习题库，为学生提供多样化的学习材料。

在物理教学中，教师可以通过虚拟实验平台（如 PhET、Algodoo 等）获取各类实验的模拟软件，帮助学生在课前进行实验预习和探究。此外，利用三维动画和虚拟现实技术，可以创建更加生动的教学资源，将抽象的物理概念直观地展示出来。例如，通过三维动画演示电场和磁场的分布情况，通过虚拟现实技术模拟自由落体、抛体运动等实验情景，提高学生的学习兴趣和理解能力。

收集教学资源时，教师应注重资源的科学性和适用性。需要对收集到的资源进行筛选和评估，确保其内容准确、表达清晰，并符合课程标准和教学目标。例如，在筛选电子教材时，应选择内容全面、结构合理、图文并茂的教材版本。在选择实验视频时，应确保视频质量高、操作步骤规范、实验现象明显。

为了提高教学资源的利用效率，可以利用教学资源管理系统（如 Moodle、Blackboard 等）进行资源的分类和整理。教师可以将收集到的资源按照知识模块进行分类，并添加相应的标签和注释，方便在课堂教学中快速查找和调用。可以将力学、热学、电磁学、光学等不同领域的资源分别归类，并在每个资源条目下添加关键词和使用建议。

教师还可以通过网络平台与其他教师进行资源共享和交流，集思广益，共同提高教学资源的质量。可以加入教育资源共享社区（如资源共享联盟、教育技术学会等），参与资源的上传、下载和评价活动。通过资源共享联盟，可以获取其他教师上传的优质课件、教案、实验指导书等资源，同时也可以将自己的教学资源分享给其他教师，促进资源的互通有无。

2. 教学计划的制订

教学计划的制订是基于信息技术的物理教学创新的核心环节，通过科学的教学计划，教师可以合理安排教学内容和教学进度，提高课堂教学的效果和质量。制订教学计划时，教师应充分利用教学管理系统（如 LMS、Canvas 等），进行教学计划的编制、管理和调整。

首先，教师应根据课程标准和教学目标，制订详细的教学大纲和教学进度表。教学大纲应明确每个知识模块的教学目标、教学内容和教学方法。例如，在教学大纲中，可以规定力学部分的教学目标是掌握牛顿三大定律、动量和能量守恒定律，教学内容包括质点运动学、动力学、机械能等，教学方法包括讲授法、演示法、讨论法等。教学进度表则应明确每节课的教学内容和时间安排，确保教学过程有序进行，可以规定第一周讲授质点的运动学，第二周进行牛顿定律的教学，第三周进行相关的实验和习题训练。

其次，在制订教学计划时，教师应充分考虑学生的学习基础和认知特点，设计适合学生水平的教学活动和学习任务。对于基础较好的学生，可以设计更具挑战性的探究性学习任务，如自主设计实验方案、分析实际问题中的物理现象等；对于基础较差的学生，可以设计更多的基础知识讲解和习题练习，帮助学生夯实基础知识。

再次，教学计划的制订还应注重教学活动的多样性和互动性。教师可以利用信息技术手段，设计多样化的教学活动，如在线讨论、虚拟实验、实时测验等。比如在讲授电磁学知识时，可以利用虚拟实验平台进行电场和磁场的模拟实验，让学生在虚拟环境中探究学习。在教学过程中，可以利用在线讨论平台进行师生互动和生生互动，激发学生的学习兴趣和参与度。

最后，教学计划的制订还应考虑教学过程的监控和调整。教师可以利用教学管理系统，实时监控学生的学习情况和教学效果，根据学生的反馈和学习数据，及时调整教学计划和教学策略。可以利用 LMS 平台的学习数据分析功能，分析学生的学习进度和学习效果，发现学生在某些知识点上的理解困难，及时调整教学内容和教学方法，进行针对性的辅导和补充讲解。

3. 教学工具的选择

教学工具的选择是基于信息技术的物理教学创新的重要组成部分，合适的教学工具可以有效提高教学的直观性和互动性，促进学生的深度学习和能力培养。选择教学工具时，教师应根据教学内容和教学目标，选择适合的多媒体工具、虚拟实验工具、教学管理工具和在线学习工具等。

多媒体工具可以将抽象的物理概念和原理以直观、生动的方式展示出来，比如利用 PowerPoint、Prezi 等工具制作多媒体课件，通过图表、动画、视频等形式，展示力学、电学、光学等知识点。例如，在讲授牛顿定律时，可以利用动画演示物体在不同力作用下的运动轨迹和受力情况，帮助学生更好地理解力的概念和作用效果。利用视频资源，可以播放实际物理现象和实验过程的视频，如自由落体运动、光的折射和干涉现象等，增强学生的感性认识。

教学管理工具在物理教学中起到组织和管理教学活动的作用，可以提高教学的效率和效果。Moodle、Blackboard 等教学管理系统可以进行课程的管理和组织，包括课程内容的发布、教学资源的管理、学习任务的布置和评价等。例如，可以在 Moodle 平台上发布教学课件、习题和实验指导书，布置在线作业和测试，并进行自动评分和反馈。通过教学管理系统，可以实时监控学生的学习进度和学习效果，根据学生的学习情况进行针对性的辅导和调整，提高教学管理的效率和效果。

利用在线学习平台（如 Coursera、edX 等）进行在线课程的学习，提供丰富的学习资源和学习支持。在 edX 平台上开设物理专题课程，能够提供视频讲解、习题练习和讨论区，帮助学生进行自主学习和探究学习。利用在线讨论平台（如论坛、微信群等），可以进行师生互动和生生互动，解决学生在学习过程中遇到的问题，促进学习经验的交流和分享。

4. 教学平台的搭建

教学平台的搭建是基于信息技术的物理教学创新的关键环节，通过科学的教学平台，教师可以提供丰富的教学资源和学习支持，组织和管理教学活动，提高教学的效率和效果。搭建教学平台时，教师应根据课程特点和教学需求，选择合适的网络平台和工具，进行教学资源的整合和教学过程的管理。

教师可以利用网络平台搭建在线课程和学习社区，提供丰富的教学资源和学习支持。例如，可以在 MOOC 平台（如 Coursera、edX 等）上开设在线物理课程，提供视频讲解、电子教材、实验指导和习题练习等资源。在 Coursera 平台上开设经典力学课程，提供详细的课程视频、配套的习题和实验指导书，帮助学生系统学习力学知识。利用在线学习社区（如论坛、QQ 群等），可以进行师生互动和生生互动，解决学生在学习过程中遇到的问题，促进学习经验的交流和分享。

利用教学管理系统（如 Moodle、Blackboard 等），能够进行教学资源的整合和分类，方便在教学过程中快速查找和调用。教师可以在 Moodle 平台上创建课程页面，按照知识模块进行资源的分类和整理，添加相应的标签和注释。例如，将力学、电学、光学等不同领域的资源分别归类，并在每个资源条目下添加关键词和使用建议，提高教学资源的利用效率。

教学平台的搭建还应注重教学过程的数据分析和评价。教师可以利用数据分析工具（如学习分析系统、数据可视化工具等），进行学习数据的收集和分析，了解学生的学习情况和教学效果。利用学习分析系统，分析学生的学习进度和学习效果，若发现学生在某些知识点上理解困难，应及时调整教学内容和教学方法。

二、课堂教学的实施

1. 教学内容的展示

通过现代信息技术，教师可以将复杂抽象的物理概念和原理以直观、生动的方式展现给学生，从而提高教学效果和学生的理解能力。在物理教学中，多媒体课件、虚拟实验、三维动画、模拟仿真等技术手段可以提升教学内容的展示效果。利用信息技术手段进行教学内容展示时，应注重与教学目标紧密结合，确保展示内容的科学性和严谨性。教师在制作课件和选择实验时，应严格按照物理课程标准和教材要求，确保展示内容的准确性和规范性。例如，在制作电磁学相关的课件时，应严格按照电磁学基本定律和公式进行讲解，避免展示内容出现概念性和逻辑性的错误。

（1）多媒体课件

通过 PowerPoint、Prezi 等软件，教师可以制作内容丰富、形式多样的课件。例如，在讲解光的反射和折射时，可以在课件中插入实际光线路径的图示和光路图动画，以动态方式展示光线的传播过程和变化规律。同时，可以通过嵌入视频展示实际生活中的光反射和折射现象，如镜子的成像、池水中的折射现象等，使学生在感性认识的基础上加深对理论知识的理解。

（2）虚拟实验

教师可以通过虚拟实验在课堂上实时展示各种物理实验的过程和结果。比如在讲授电磁感应时，可以利用 PhET 平台演示导体切割磁感线时产生感应电流的实验，学生通过观察电流表指针的变化，直观理解法拉第电磁感应定律。在讲授热学时，可以通过虚拟实验模拟不同物质的热传导过程，比较导体和绝缘体的导热性能。

（3）三维动画和模拟仿真技术

三维动画和模拟仿真技术可以将抽象的物理现象和过程以立体的方式展示出来。例如，在讲授力和运动的关系时，可以利用三维动画展示物体在不同力作用下的运动轨迹，通过矢量动画展示力的分解和合成过程。在讲解波动现象时，可以利用模拟仿真技术展示横波和纵波的传播过程，观察波动的频率、波长和振幅的变化，帮助学生形象理解波动的基本特征和规律。

2. 教学活动的设计

（1）探究性学习

探究性学习是一种注重问题驱动的教学方法，旨在通过学生自主探索和实验，培养其科学探究能力和创新思维。在物理教学中，特别是在光学折射实验的设计和实施中，探究性学习展示了其独特的教学价值和方法论。实验的具体做法如下。

①实验目的与设备准备

光学折射实验旨在让学生探究不同介质中光的传播规律，具体设备包括透明介质（如玻璃板、水、空气等）、光源（如激光笔或白光源）、尺子、标尺等。学生分组进行实验，每组选择一个介质，以探究其折射特性。

②实验步骤

选取透明介质：每组学生选择一个透明介质作为实验对象，例如玻璃板、水槽或空气。

测量入射角：学生利用尺子和标尺测量光线在介质表面的入射角度。入射角度的测量需要精确，以确保后续实验数据的准确性。

测量折射角：在测量入射角后，学生还要测量通过介质后的折射角度。折射角度的测量同样需要精确进行，以便后续数据分析和折射定律的验证。

③数据采集与分析

数据记录：学生将测量到的入射角和折射角数据记录在实验记录表中，确保实验数据的完整性和准确性。

折射定律的应用：根据折射定律公式 $\dfrac{\sin\theta_1}{\sin\theta_2} = \dfrac{n_2}{n_1}$ 学生计算出每种介质的折射率 n。其中，θ_1 为入射角，θ_2 为折射角，n_1 和 n_2 分别为两种介质的折射率。

数据分析：利用数据处理软件（如 Excel 或 GraphPad Prism），学生绘制入射角与折射角的散点图，并通过线性回归分析确定折射率。分析得出的结果有助于学生理解折射定律在不同介质中的应用，以及光在介质中的传播规律。

通过实验，学生能够验证折射定律，即光在不同介质中传播时的折射规律。实验结果不仅验证了物理定律的正确性，还培养了学生实验设计、数据处理和科学推理能力。此外，通过分组合作的方式进行实验，学生还提升了团队合作、沟通协作和问题解决能力，从而全面促进其综合素质的提升。

（2）合作学习

合作学习是基于小组合作的教学活动，通过学生之间的合作交流，促进知识的共享和能力的互补。例如，在学习电磁感应现象时，可以设计以下合作学习任务。

①任务设定与目标

在设计合作学习任务时，教师首先需要明确学习目标，即学生通过合作学习应达到的知识掌握和能力培养。例如，在电磁感应的学习中，目标不仅是让学生理解法拉第电磁感应定律，还要能够设计实验、收集数据、分析结果，并能够对实验过程和结果进行有效的交流和反思。

②分工合作的具体实施

在分工合作阶段，教师需要根据学生的特点和能力进行合理的分组，并指导每个小组成员明确自己的职责。例如，一个小组可能由四人组成：一人负责实验装置的设计和搭建，确保实验的可行性和安全性；一人负责电磁线圈的绕制，注意线圈的均匀性和匝数的准确性；一人负责实验过程中的数据记录，确保数据的准确性和完整性；最后一人负责结果的分析和报告撰写，需要具备较强的数据分析和表达能力。

③实验数据的记录与分析

学生需要在不同磁感应强度下测量感应电动势，并记录相应的数据。利用法拉第电磁感应定律 $E = -N\dfrac{\mathrm{d}\varPhi_B}{\mathrm{d}t}$，学生可以计算感应电动势，并分析其与磁通量变化率的关系。数据分析过程中，学生可以使用图表、图像或数学建模等方法，更直观地展示数据变化趋势和规律，如表7-1所示。

表7-1　电磁感应实验数据记录与计算

试验编号	线圈匝数 N	磁感应强度 B（T）	磁通量变化率 $\dfrac{\mathrm{d}\varPhi_B}{\mathrm{d}t}$（T/s）	感应电动势 $E_{实际}$（V）	计算值 $E_{计算}$（V）	实际值与计算值差额
1	100	0.5	0.01	0.5	1	0.5
2	100	0.5	0.02	1	2	1

试验编号	线圈匝数 N	磁感应强度 B（T）	磁通量变化率 $\dfrac{\mathrm{d}\Phi_B}{\mathrm{d}t}$（$T/s$）	感应电动势 $E_{实际}$（V）	计算值 $E_{计算}$（V）	实际值与计算值差额
3	200	0.5	0.01	1	2	1
…	…	…	…	…	…	…
平均值	—	—	—	—	1.33	—

④实验结果的讨论与反思

实验结束后，学生应收集和整理所有实验数据，包括线圈匝数、磁感应强度、感应电动势等。利用统计方法，如计算平均值、标准差等，来评估数据的集中趋势和离散程度，如表7-2所示。

表7-2　电磁感应实验数据的统计分析

指标	平均值	标准差	最大值	最小值
感应电动势（V）	1.5	0.3	2.1	0.9
磁感应强度（T）	0.48	0.05	0.5	0.4

学生应分析实验中可能的误差来源，使用公式 误差 $= \dfrac{E_{实际} - E_{计算}}{E_{计算}} \times 100\%$ 来量化误差，并讨论其对实验结果的影响，如表7-3所示。

表7-3　各次实验误差分析

试验编号	感应电动势实际值（V）	感应电动势计算值（V）	误差（%）
1	1.5	1.7	11.76
2	1.3	1.5	13.33
…	…	…	…

对实验结果的讨论与反思可以使学生更深入地理解物理概念，识别并解决实验中的问题。教师应鼓励学生进行批判性思考，培养他们的分析和解决问题的能力。通过该实验，学生不仅提高了实验技能，还学会了如何通过团队合作来达成共同的学习目标。

⑤教学案例的深入分析

以电磁感应为例的教学案例，可以进一步深入分析。比如学生在实验中观察到，当线圈在磁场中匀速转动时，感应电动势的波形呈现正弦规律。这一现象可以通过以下公式描述：

$$e = E_m \sin(\omega t)$$

其中，e 是感应电动势，E_m 是电动势的最大值，ω 是角速度，t 是时间。

学生需要记录线圈转动时不同位置的感应电动势值，并分析其变化规律，如表 7-4 所示。

表 7-4　线圈在不同角度位置的感应电动势记录

角度（°）	感应电动势 e（V）	线圈位置备注
0	0	线圈平面与磁场平行
90	E_m	线圈平面垂直于磁场
180	0	线圈平面再次与磁场平行
…	…	…

在实验中，学生使用了固定磁场和可以匀速转动的线圈。线圈的转动由电机控制，电机的转速是恒定的。学生通过改变线圈在磁场中的位置，测量不同角度下的感应电动势。利用法拉第电磁感应定律，结合线圈转动的几何关系，推导出感应电动势的表达式。当线圈以角速度 ω 匀速转动时，磁通量的变化率可以表示为：

$$\frac{\mathrm{d}\varPhi_B}{\mathrm{d}t} = -B\omega A\cos(\omega t)$$

其中，B 是磁场强度，A 是线圈面积。根据法拉第定律，感应电动势 E 与磁通量变化率成正比。

$$E = -N\frac{\mathrm{d}\varPhi_B}{\mathrm{d}t}$$

代入磁通量变化率的表达式，得到感应电动势的正弦规律。

学生通过实验数据的记录与分析，可以验证感应电动势随时间变化的正弦规律，并与理论预测相符。这一结果不仅加深学生对电磁感应现象的理解，而且激发了对交流电产生机制和发电机工作原理的兴趣。教师应鼓励学生继续探索电磁感应在其他领域的应用，如无线充电、变压器等，以进一步拓宽学生的视野和增强实践能力。

⑥合作学习的扩展应用

合作学习的应用并不仅限于电磁感应，还可以扩展到其他物理领域。例如，在热力学学习中，学生可以合作设计并进行热量传递实验，探究不同介质的导热性能；在光学学习中，学生可以合作探究不同材料的折射率，理解光的折射和全反射现象。通过合作学习，学生能够在不同的物理领域中培养跨学科的知识和能力。

（3）翻转课堂

翻转课堂作为一种创新的教学模式，其核心在于强化学生的课前自主学习，并通过课堂内的互动和实践活动加深理解。例如，在讲解简谐振动时，可以设计以下翻转课堂活动：

①学习前准备

在课前，学生被要求观看一系列在线教学视频，这些视频详细介绍了简谐振动的基本概念、运动方程和能量守恒。视频内容包含动画演示，能够帮助学生直观理解振动的周期性。此外，学生还需阅读教材中的相关章节，完成预习作业，包括对基础概念的理解和公式的记忆。

②课堂活动设计

在课堂上，教师组织学生分组进行实验，使用弹簧振子来验证简谐振动的周期公式：

$$T = 2\pi \sqrt{\frac{m}{k}}$$

其中，T 为振动周期，m 为振动物体的质量，k 为弹簧的弹性系数。

每个小组配备一套实验设备，包括弹簧、质量不同的物体、米尺、秒表等。学生通过测量不同质量的物体在弹簧上的振动周期，并记录数据。利用秒表测量振子完成一定次数全振动所需的时间，然后计算出周期 T。接着，学生使用弹簧的劲度系数 k 和物体的质量 m 来计算理论周期 $T_{计算}$。如表 7-5 所示。

表 7-5　简谐振动实验数据记录与周期计算

小组编号	物体质量 m（kg）	弹簧劲度系数 k（N/m）	测量周期 T（s）	计算周期 T计算（s）	实验次数
1	0.5	150	1.2	1.3	5
2	1	100	2	2.2	5
…	…	…	…	…	…

学生将实验测量的周期 T 与理论计算的周期 $T_{计算}$ 进行比较，分析误差的来源。一般误差来源包括测量时间的不准确、弹簧劲度系数的估计误差等。学生需要讨论如何改进实验方法，比如增加测量次数以提高准确性。学生在课堂上展示他们的实验结果，并与其他小组分享发现和讨论的结论。教师引导学生反思学习过程中的体会，包括自主学习的挑战、团队合作的经验以及科学探究的乐趣。

（4）在线测验

在线测验通过灵活的题型设计和实时反馈机制，不仅促进了学生的积极参与，也为教师提供了深入理解学生学习状态的途径。在实施在线测验之前，教师需根据教学大纲和学习目标精心设计测验题目，确保全面覆盖光的波动性的关键概念，例如波长、频率、干涉和衍射等。测验题目类型包括选择题、填空题、解答题以及实验分析题，旨在从不同角度考查学生对知识点的掌握程度，如表 7-6 所示。

表 7-6　光的波动性在线测验题型设计

题型	题目数量（道）	总分（分）	题目示例
选择题	5	20	光的干涉条件是什么
填空题	5	15	请填写双缝干涉实验中，相邻亮条纹之间的距离公式：距离 = $\frac{\lambda D}{d}$
解答题	2	25	解释单缝衍射现象，并推导其中央明条纹的宽度公式
实验分析题	1	20	根据给定的实验数据，分析干涉图样的变化趋势
总计	13	80	

测验通过在线平台发布后，学生在规定时间内完成答题。测验结束后，教师利用平台的数据分析工具对答题情况进行综合评估，包括得分、排名和答题时间等，如表7-7所示。

表7-7　学生在线测验成绩分析

学生编号	选择题得分	填空题得分	解答题得分	实验分析题得分	总分	排名
1	18	12	20	15	65	10
2	20	15	22	20	77	3
…	…	…	…	…	…	…
平均分	16	12.4	18	14	60.4	—
标准差	3.2	1.5	4.1	3.6	7.8	—

通过对光的波动性进行在线测验分析，教师发现学生在选择题和填空题上的平均得分较低，表明学生在理解干涉条件和衍射现象方面存在一定困难。然而，在解答题和实验分析题上，学生展现出较强的理论应用能力，这为教师提供了调整教学策略的依据。综合在线测验的结果，教师可以给予学生及时反馈，指出学习中的不足，并鼓励他们在理解波动性理论的基础上，加强实践应用能力的培养。在线测验的互动性和即时性，不仅提高了学生的学习兴趣，也促进了他们对知识的深入理解。

3. 教学互动的组织

利用信息技术，教师能够设计和实施多样化的互动教学活动。例如，使用在线投票系统，教师可以在课堂上快速收集学生对某个物理概念的理解程度，实时展示投票结果，并根据结果调整教学策略。此外，通过在线讨论平台，学生可以在课前或课后参与主题讨论，教师可以监控讨论进程，及时给予反馈和指导。

在实验教学中，通过传感器和数据采集系统，学生也可以实时观察和记录实验数据，利用图表和图像直观展示数据变化，从而更深入地理解物理现象和规律。在关于简谐振动的实验中，学生能够通过测量不同振幅下的周期变化，利用计算机软件绘制振幅与周期的关系图，直观地发现振幅对周期的影响。

4. 教学效果的评估

通过在线测试系统，教师可以设计包含选择题、填空题、解答题等多种题型的测验，全面评估学生对知识的掌握情况。系统自动评分和即时反馈功能，使得教师能够迅速了解学生的整体表现和个别差异，为个性化教学提供依据。

除了知识掌握情况的评估，信息技术还能够对学生的学习行为进行跟踪和分析。通过 LMS，教师可以监控学生的学习进度、在线学习时长、作业提交情况等，利用数据分析工具，如学习分析系统，对学生的学习行为进行深入分析，识别学生的学习习惯和偏好，为教学提供个性化的调整方案。

三、课后复习的跟进

1. 复习资源的提供

在现代教育体系中，信息技术的应用极大地丰富了课后复习的资源。通过电子书籍、在线课程、虚拟实验室等数字化手段，学生能够获取更加多样化和个性化的学习材料。例如，教师可以利用教育软件根据学生的课堂表现和作业提交情况，智能推荐相应的复习资料和习题，以实现个性化教学。通过在线平台，学生可以访问到丰富的视频讲解、交互式模拟实验等资源，这些资源通过模拟真实的物理现象和实验操作，可以帮助学生加深对物理概念的理解和应用。在资源的提供上，还应注意到资源的更新频率和科学性，确保学生接触到的是最新、最准确的物理知识。

2. 复习计划的制订

复习计划需要依据教学大纲和学生的学习情况来制订，教师应根据教学大纲确定复习的重点和难点，然后结合学生的课堂反应、作业成绩和测试结果，评估学生对知识点的掌握程度。在此基础上，教师可以设计出符合学生实际需要的复习计划，包括复习的时间安排、内容分配和目标设定。复习计划应当具有灵活性，能够根据学生的学习进度和反馈进行调整。复习计划的制订还应考虑到学生的个体差异，为不同水平的学生提供不同难度的复习任务，以确保每个学生都能在复习中取得进步。

3. 复习活动的安排

复习活动的安排旨在帮助学生巩固和深化对物理知识的理解，通过设计形式多样的复习活动，如在线讨论、小组合作、实验模拟等，可以激发学生的学习兴趣和参与度。在线讨论可以让学生就特定的物理问题进行深入探讨，教师则可以提供及时的反馈和指导。小组合作活动可以让学生在团队中分工合作，共同解决物理问题，这不仅能够锻炼学生的协作能力，还能够帮助他们从不同角度理解物理概念。实验模拟活动则可以让学生在虚拟环境中进行物理实验操作，通过实践来加深对物理规律的认识。在安排复习活动时，应注意活动的目标明确性和操作性，确保每个活动都能够有效地促进学生的学习。

4. 复习效果的评估

复习效果的评估能够使教师及时了解学生的学习情况，为教学提供反馈。评估方法包括在线测试、作业检查、实验报告评审等。在线测试可以利用计算机自动评分系统，快速准确地评估学生的理论知识掌握情况。作业检查则更加注重学生解决问题的能力和创新思维。实验报告评审则侧重于评估学生的实验操作能力和数据分析能力。在评估过程中，教师应注重评估的客观性和公正性，确保评估结果能够真实反映学生的学习效果。同时，教师还应根据评估结果调整教学策略和复习计划，以更好地满足学生的学习需求。

四、教学评价的创新

1. 评价标准的建立

教学评价标准的建立应遵循客观、公正、全面和发展性的原则。在信息技术的支持下，评价标准的建立将更加科学和精准。例如，通过数据分析软件，教师可以根据学生的学习行为和成果，建立一套多维度的评价模型。

利用大数据和学习分析技术，教师可以收集学生在学习平台上的互动数据，如在线作业提交次数、论坛讨论参与度、视频观看时长等，以此为基础构建评价指标。例如，评价模型可以表示为：

$$E = w_1 \cdot c_1 + w_2 \cdot c_2 + \cdots + w_n \cdot c_n$$

其中，E 代表评价结果，c_n 代表第 n 个评价指标，w_n 为该指标的权重。

传统的笔试和口试评价方法在信息技术的辅助下可以得到拓展，通过在线测试平台，可以设计包含选择题、填空题、计算题和应用题的综合测试，不仅考查学生的知识掌握程度，也考查其分析问题和解决问题的能力。学生评价指标如表7-8所示。

表7-8　学生评价指标

指标	描述	数据来源	权重
在线作业完成率	学生按时提交在线作业的比例	LMS	0.2
论坛活跃度	学生在论坛中的发帖和回帖数量	讨论板平台	0.15
视频观看完整度	学生观看教学视频的完整程度	视频学习平台	0.25
测试成绩	学生在在线测试中的得分	在线测试系统	0.4

信息技术的应用使得教学反馈更加及时，通过在线平台，教师可以实时查看学生的学习进度和测试成绩，及时调整教学策略和内容。基于信息技术的教学评价创新，通过数据驱动的评价模型、评价方法的多样化以及教学反馈的即时性，为物理教学提供了新的视角和方法。

2. 评价方法的改革

评价方法的改革旨在通过科学、合理的评价体系，促进学生能力的全面发展，同时也为教师提供有效的教学反馈（见表7-9）。传统的物理教学评价方法主要依赖于笔试成绩，而改革后的评价方法则更加多元化。信息技术的应用使得教师能够通过多种途径收集学生的学习数据，从而全面评估学生的学习效果。例如，除了传统的笔试，还可以包括在线测试、实验报告、小组讨论等多种评价方式。

信息技术的利用使得教师能够实时收集和分析学生的学习数据，及时给予反馈。例如，通过 LMS，教师可以即时查看学生的在线作业完成情况、讨论板活跃度等信息，并据此调整教学策略。

表 7-9 评价方法改革

评价方式	内容	形式	反馈周期
在线测试	理论知识掌握	选择题、计算题	每章结束后
实验报告	实验操作能力	文字描述、数据分析	每次实验后
小组讨论	分析问题能力	论坛发帖、回帖	每周一次

随着人工智能技术的发展，评价工具也趋向智能化。例如，可以使用自动评分系统对学生的在线测试答案进行评分，减少人为误差，提高评价效率。假设学生的在线测试成绩由多个小题组成，每个小题的得分可以通过智能评分模型计算得出：

$$S = \sum_{i=1}^{n} s_i$$

其中，S 代表总分，S_i 代表第 i 个小题的得分。

3. 评价过程的监控

（1）数据收集

在现代信息技术的支持下，数据收集变得更加高效和全面。在线教学平台，可以实时追踪学生的作业提交情况，包括提交频率、提交时间等；同时，测试成绩也能自动上传至数据库，包括平均分、最高分、最低分等详细数据；此外，学生在讨论板上的参与度也能被准确记录，如发帖数量、回复次数以及互动质量等。

（2）数据处理

利用数据库管理系统，可以将收集到的数据进行分类、整理和存储。例如，作业提交情况可以按照班级、学生或时间段进行分类；测试成绩可以生成各种报表，如成绩分布图、成绩对比表等；讨论板参与度则可以通过文本分析工具进行情感分析、话题识别等。

（3）数据分析

统计分析软件，可以对处理后的数据进行深入挖掘和分析。例如，对于作业提交情况，可以分析学生的提交频率和准时率，从而评估学生的学习态度和习惯；对于测试成绩，可以计算平均分、及格率等指标，了解学生的学习水平；对于讨论板参与度，可以通过文本分析工具识别学生的互动质量，评估学生的学习效果。此外，还可以利用关联分析、回归分析等高级统计方法，探究不同数据之间的关联性和因果关系，如表7-10所示。

表7-10　评价过程监控数据分析

数据类型	分析内容	工具
作业提交情况	提交频率、准时率	数据库查询、统计分析软件
测试成绩	平均分、最高分、最低分、及格率	统计分析软件
讨论板参与度	发帖数量、回复次数、互动质量	文本分析工具、统计分析软件

（4）基于分析结果的反馈

通过信息技术，反馈可以更加及时和精准地传达给教师和学生。教师可以根据作业提交情况和测试成绩的分析结果，调整教学内容和方法；同时，也可以将学生的讨论板参与度作为评价依据之一，鼓励学生积极参与课堂互动。

在评价过程监控中，监控指标的综合值可以通过以下公式计算得出：

$$M = \frac{1}{n} \sum_{i=1}^{n} (a_i \cdot p_i)$$

其中，M 代表监控指标的综合值，a_i 代表第 i 个数据点的重要性权重，p_i 为该数据点的性能值。

通过上述公式，可以将不同数据点的性能值按照其重要性进行加权求和，从而得到综合反映评价过程质量的指标值。该指标值将为教师提供直观的评价依据，有助于教师更好地把握教学进度和效果。

4. 评价结果的反馈

对于教师而言，评价结果的反馈可以帮助他们了解教学效果，调整教学方法；对学生而言，评价结果的反馈则是他们了解自身学习状态，改进学习策略的重要信息源。评价结果的反馈应涵盖知识掌握、能力培养、情感态度等多个维度，如表7-11所示。

表7-11 评价结果反馈内容

维度	反馈内容	形式
知识掌握	测试成绩、错误题目分析	成绩单、在线反馈
能力培养	实验操作、项目完成情况	视频评价、项目报告
情感态度	学习投入、课堂参与度	自我评价、教师观察记录

信息技术的应用使得评价结果的反馈更加及时和具有针对性，通过在线平台，教师可以在测试或作业完成后立即提供反馈，学生也可以根据反馈及时调整学习计划。评价结果反馈效果的评估可以通过以下公式进行量化：

$$F = \frac{1}{n} \sum_{i=1}^{n} (r_i \cdot t_i)$$

其中，F 代表反馈效果的总评分，r_i 代表第 i 个反馈内容的相关性评分，t_i 为该反馈内容的及时性评分。

第三节 信息技术环境下的师生角色

一、教师角色的转变

1. 知识传授者的转型

在信息技术环境下，教师作为知识传授者的角色正在经历深刻的转型。传统的教学模式中，教师主要通过讲授和演示来传递知识。然而，在现代教育环境中，教师需要利用信息技术工具，如多媒体教学软件、在线课程平台等，来创造更加互动和参与感更强的学习体验。例如，教师可以通过虚拟实验室软件，引导学生进行物理实验，增强学生对物理概念的理解和应用能力。

虚拟实验室技术的应用不仅使得实验过程更加安全和灵活，还能够在没有物理设备的情况下进行复杂实验，大大拓展了教学内容的可视化和实践性。举例而言，通过模拟重力实验，学生可以在虚拟环境中调整不同的参数，观察实验结果，并通过数据分析工具处理数据，进一步理解重力加速度的概念和测量方法。该教学方法不仅强调了学生的实验技能和数据分析能力，还培养了其解决问题的能力和科学思维。教师在这一过程中的职责不再仅限于传授知识，更重要的是引导学生通过探索和实践来建立知识体系，并在学习过程中不断调整和优化教学策略。为了更好地适应这一转变，教师需要掌握一系列信息技术工具，如虚拟实验室软件、在线测试系统等。虚拟实验室软件可以模拟真实的物理实验环境，让学生在没有实验设备的情况下也能进行实验操作，从而加深对物理概念的理解。在线测试系统则可以实时收集学生的学习数据，为教师提供及时的反馈，帮助教师了解学生的学习情况。

2. 学习引导者的定位

教师在学习过程中的角色由传统的知识传授者转变为学习引导者，教师不再仅仅是向学生传递知识，而是通过设计和实施学生参与度高的教学活动，引导学生积极参与、主动探索和解决问题。信息技术工具在这一过程中扮演着重要角色，帮助教师创建和管理学习环境，促进学生的个性化学习和合作能力的培养。

为了有效地担当起学习引导者的角色，教师可以采用基于 PBL 方法。PBL 强调学生通过探究性的项目活动来学习和解决现实生活中的问题，有助于学生深入理解知识、提高问题解决能力和团队合作精神。例如，教师可以设计关于能量守恒的 PBL 项目，要求学生通过实验、数据分析和理论推导，探讨能量转化和守恒的原理。学生在 PBL 项目中通常需要进行以下步骤：问题定义、资料收集、实验设计、数据采集与分析、成果展示等。教师的职责是引导学生在这些过程中不断探索和学习，而非简单地提供答案。

在信息技术的支持下，教师可以利用在线协作工具（如 Google Docs、Microsoft Teams 等），组织学生进行小组讨论和项目合作。PBL 项目设计及实施过程如表 7-12 所示。

表 7-12　PBL 项目设计及实施

项目阶段	具体做法	使用工具
问题定义	设定研究问题和目标	Google Forms
资料收集	收集相关文献和数据	Google Scholar、在线图书馆

续表

项目阶段	具体做法	使用工具
实验设计	设计实验方案和流程	实验操作手册
数据采集与分析	记录实验数据和使用分析软件处理数据	Excel、SPSS
成果展示	撰写报告和进行口头展示	PowerPoint、Zoom

教师通过 PBL 等学习引导策略，不仅能够满足学生个性化学习需求，还能够有效地培养学生的创新思维和解决复杂问题的能力。信息技术的应用使得这一教学模式更加高效和可持续，为物理教育的现代化提供了重要支持和保障。

3. 技术支持者的职责

在技术支持方面，教师不再仅仅是知识的传递者，更是技术应用的引导者和促进者。教师作为技术支持者，首先需要对现代教育技术有深入的了解和实践能力。比如智能教学系统、在线评价工具、互动白板、VR 和 AR 技术等。教师应能够根据教学内容和学生需求，选择合适的技术工具，并能够灵活调整教学策略。比如，在讲授物理概念时，可以利用 AR 技术将抽象的物理现象具象化，增强学生的理解力。

为了更有效地支持教学，教师还需掌握基本的技术故障排除技巧，以便在遇到技术问题时能够迅速解决，保证课堂的流畅性。同时，教师应鼓励学生参与到技术的使用和创新中来，培养学生的自主学习能力和问题解决能力。在教学实践中，教师可以利用教学软件收集学生的学习数据，通过数据分析了解学生的学习进度和难点，进而调整教学计划。

4. 学习共同体的成员

在信息技术环境下，教师作为学习共同体的成员，其角色不再局限于传统的知识传递者。教师的角色扩展为学习者、合作者和创新者，与学生、家长及其他教育工作者共同构建知识和技能的发展平台。教师在学习共同体中的参与，不仅限于课堂内的互动，还包括课外的多种形式。例如，教师可以利用在线论坛和社交媒体平台，与学生和家长就课程内容、学习方法等话题进行讨论。此外，教师还可以通过网络研讨会和在线专业发展课程，与全球同行分享经验，获取新知。教师作为学习共同体的一员，应当运用数据来指导教学实践。通过收集和分析学生的学习数据，教师可以更准确地了解学生的学习需求，制订个性化的教学计划。例如，教师可以通过 LMS 收集学生的作业成绩、在线测试结果和讨论板活动数据，以此为基础进行教学调整。

教师在学习共同体中的另一重要职责是分享和反思教学案例。通过撰写和发布教学案例研究，教师可以与同行探讨教学策略的有效性，促进教学方法的创新。例如，教师可以在教育博客或短视频平台上发表关于使用信息技术进行物理教学的案例分析。

教师在学习共同体中的参与度可以通过以下公式进行评估：

$$P = \frac{1}{m} \sum_{j=1}^{m} (d_j \cdot f_i)$$

其中，P 代表教师参与度的综合评分，d_j 代表第 j 个活动的深度评分，f_i 为该活动的频率评分。

教师作为学习共同体的成员，在信息技术环境下的角色转变，标志着教育模式的重大变革。教师通过构建学习共同体、运用数据驱动教学、分享教学案例以及参与专业发展，不断提升教学质量，促进学生的全面发展。这种角色的转变，不仅增强了教师的专业能力，也为学生提供了更加丰富和多元的学习资源。

二、学生角色的变化

1. 知识接受者的转变

在传统的教学模式中，学生往往被定位为知识的接受者，其职责主要是被动地吸收教师传授的知识。然而，在信息技术环境下，这一角色正在经历显著的转变。现代信息技术，特别是云计算、大数据、物联网和人工智能的发展，为教育信息化提供了有力的支撑。这些技术的应用使得学生能够通过多种渠道获取信息，不再局限于课堂讲授。学生现在可以通过网络资源、在线课程、虚拟实验室等多样化的学习平台，主动探索和学习物理知识。教师可以利用在线教育平台，为学生提供丰富的学习材料，包括视频讲解、互动模拟实验和在线测试等。学生可以根据自己的学习节奏和兴趣，选择适合的学习内容和方式。此外，通过数据分析工具，教师可以实时跟踪学生的学习进度和理解情况，及时调整教学策略，以满足学生的个性化学习需求。

2. 学习主动者的培育

信息技术环境下，学生的主动学习能力得到了前所未有的培养。学生不再是被动的知识接受者，而是变成了主动的知识探索者。教师的角色也相应地从知识传授者变成了学习引导者和促进者。教师需要设计开放性的问题和探究性的任务，激发学生的好奇心和求知欲，引导他们主动地去探索物理现象背后的原理和规律。教师可以组织学生参与科学探究项目，让学生通过实验收集数据，运用统计和分析方法，得出结论。在这个过程中，学生不仅能够深入理解物理概念，还能够培养批判性思维和解决问题的能力。此外，教师还可以利用信息技术工具，如在线讨论板和协作平台，促进学生之间的交流和合作，共同探讨物理问题。

3. 技术运用者的培养

随着信息技术的普及，学生作为技术运用者的角色日益凸显。他们需要掌握基本的信息技术技能，如计算机操作、网络搜索、数据分析等，以适应数字化学习环境。同时，学生还需要学会如何利用信息技术工具来支持自己的学习，例如使用电子书籍、在线课程、教育软件等资源。在物理教学中，教师可以引导学生使用计算机模拟软件来模拟物理实验，通过调整参数观察不同条件下的实验结果，从而加深对物理规律的理解。此外，教师还可以教授学生如何使用数据处理软件，对实验数据进行整理和分析，培养学生的数据处理能力和科学探究能力。

4. 学习参与者的激励

教师需要采取多种策略来激励学生的学习参与度，可以将游戏化元素融入物理教学中，例如设计物理概念相关的教育游戏或模拟软件。通过这些游戏化的学习工具，学生可以以更轻松和互动的方式探索物理世界，提高他们的参与度和学习兴趣。

教师可以设计基于虚拟实验的物理教育游戏，游戏可以模拟光的折射、反射和干涉等现象，学生通过操作虚拟实验器材和调整实验条件来观察不同情况下的光学效果。游戏设置了多个关卡，每个关卡都对应一个光学现象和相应的物理概念。学生需要在游戏中完成一系列与物理学相关的挑战和任务，如调整光的入射角度以使其折射到指定位置，或者通过干涉条纹图案来推测光的波长等。每完成一个任务，学生都能获得相应的积分和奖励，如解锁下一关卡或获取虚拟实验报告。通过这种游戏化的学习方式，学生不仅能够在实践中探索物理现象，还能够在互动中增强对物理概念的理解和记忆。此外，游戏中的竞争和奖励机制有效地激励了学生的学习参与度和动力，使他们更愿意投入学习活动。

三、师生互动的提升

1. 互动平台的选择

互动平台应具备易用性、可访问性和功能性，以满足不同教学场景的需求。例如，利用 LMS（如 Moodle 或 Blackboard），教师可以利用 Moodle 平台建立在线物理课堂。在课程网站上发布每周的课程计划、教学资料和课堂录像，学生可以根据个人学习进度自主学习。每个课程单元的学习资料包括理论讲解视频、电子教材和相关实验模拟软件的链接。学生在学习过程中可以通过在线讨论区提问题、分享学习体会，并在作业板块提交作业和接收教师的反馈。Moodle 平台还设置了定期的在线测验和小组项目，通过这些活动评估学生的学习进度和理解程度。每个学生的成绩和参与度都能够及时记录和反馈，帮助教师调整教学策略和个性化指导学生。通过 Moodle 平台，教师不仅能够实现教学资源的集中管理和共享，还能够提升学生的学习自主性和互动参与度。此外，教师还可以使用即时通信工具，如 QQ 或微信，建立即时反馈和沟通渠道。选择平台时，应考虑学生的需求和技术熟练度，确保平台能够促进而非阻碍师生间的有效沟通。

2. 互动内容的设计

在信息技术环境下，教师应精心设计具有吸引力和教育意义的互动内容，以激发学生的参与兴趣并有效促进他们的学习效果。互动内容的设计应当紧密结合物理学科的特点和课程目标，同时充分利用现代技术的优势。一是通过在线讨论来促进学生的思辨和交流能力。例如，教师可以在课程中设置一系列的物理概念讨论主题，如光的波动特性或电路中的电阻效应。学生在在线平台上发表自己的观点和见解，并与同学进行辩论和交流。这种互动不仅能够帮助学生深入理解物理概念，还能够培养他们的批判性思维和表达能力。为了进一步加强互动的效果，教师可以设置评分标准或指导性问题，引导学生进行深入的思考和讨论。二是开发互动式教学游戏。例如，一个关于力学的虚拟实验模拟游戏可以让学生调整不同的力和物体质量，观察对物体运动的影响，并在模拟中测试和验证牛顿力学定律。三是结合多媒体资源和虚拟实验工具。例如，利用物理模拟软件，如 PhET 进行电磁场的虚拟实验，学生可以自由探索电荷之间的相互作用，并观察不同条件下电场的分布和电势的变化。

3. 互动方式的创新

教师可以采用多种互动方式，如实时在线问答、异步讨论、小组协作任务和在线投票等。

（1）实时在线问答

实时在线问答是一种直接而高效的互动方式，通过视频会议工具在课堂上即时与学生进行互动。比如在讲解光学波动时，教师可以实时提出问题，要求学生即时作答或解释。通过实时在线问答，教师能够快速获取学生的理解程度并进行实时的教学反馈，有助于调整教学策略并解决学生的疑惑。

（2）异步讨论

异步讨论通过在线论坛或课程管理系统的讨论板块进行，允许学生在自己的时间内参与讨论，并深入探讨物理概念或解决问题。比如在学习电磁学时，教师可以设立讨论话题，要求学生在规定时间内提交自己的观点和分析。学生可以在讨论中相互交流、辩论，从而扩展对物理现象的理解和应用能力。

（3）小组协作任务

小组协作任务是通过协作工具来促进学生之间的合作和互动。例如，在进行力学实验设计时，教师可以要求学生组成小组，共同设计并记录实验步骤、数据和分析过程。每个小组成员可以根据自己的专长和兴趣分工合作，共同完成实验报告或项目展示。

（4）在线投票

在线投票可以用来快速收集学生的意见和看法，帮助教师实时了解学生的反应和课堂氛围。比如在讲解热力学时，教师可以通过在线投票询问学生对于热力学的理解程度，抑或是要求学生在多个选项中选择正确的物理概念定义。

4. 互动效果的评估

教师应采用定量和定性的方法评估互动的效果。定量评估可以通过分析学生的参与度、互动频率和学习成果等数据进行；定性评估可以通过收集学生的反馈、观察学生的行为表现和分析教学案例进行。教师可以通过在线问卷调查收集学生对互动平台和内容的满意度，通过课堂观察记录学生在互动过程中的参与情况。教师还可以通过学习成果分析（如测试成绩和项目报告），评估互动对学生学习效果的影响，如表 7-13 所示。

表 7-13　定量评估数据统计

学生姓名	参与讨论次数	在线测试得分（满分 10 分）	作业提交次数
学生 A	15	9	5
学生 B	12	8	4
学生 C	20	10	6

四、学习氛围的营造

1. 学习环境的优化

（1）教室布局

教室布局需适应多样化的教学需求，其中灵活的学习空间设计是关键。教室可以装备带有轮子的桌椅，便于根据教学活动的需要快速调整。教室中央的智能白板不仅具备投影功能，还能实现触控操作，增强师生互动。教室四周的墙壁可以安装多功能展示屏，用于展示物理实验的实时数据或图表，从而提升学生对物理现象的直观理解。

（2）技术设施

技术设施的配备应确保每位学生都能享受到高速的互联网体验，根据《中等职业学校物理课程标准》（2020年版）的建议，学校应至少提供1∶5的设备学生比，即每五位学生至少拥有一台计算机。此外，教室内应安装足够的电源插座和无线充电设备，确保所有电子设备得到及时充电。

（3）资源获取

资源获取的便捷性直接影响学生的学习效率，学校应建立全面的数字图书馆，其中包含至少1000本电子书籍和500h的教学视频，覆盖从基础物理概念到高级物理应用的各个领域。通过校园网，学生可以随时随地访问这些资源，进行个性化的自主学习。为了进一步提升学习环境的优化，学校还可以引入VR和AR技术，为学生提供沉浸式的学习体验。例如，通过VR头盔，学生可以模拟进入原子级别的微观世界，直观地观察原子结构和化学反应过程。AR技术则可以将虚拟的物理模型叠加到现实世界中，帮助学生更好地理解抽象的物理概念。

2. 学习文化的建设

学习文化的建设包括合作精神、批判性思维、尊重多样性。合作精神通过促进学生之间的合作学习来培养团队协作能力，利用在线协作平台可以有效促进学生的交流和合作。例如，在虚拟实验中，学生可以共同完成实验步骤记录和数据分析，不仅加深了对物理概念的理解，还培养了团队合作的技能。通过设计问题导向的课程内容，教师能够激发学生的批判性思维。通过案例分析和实验数据的解读，学生被引导提出挑战性问题、分析复杂的物理现象，并寻找解决问题的方法和策略。这种教学方法不仅帮助学生培养了深入思考和分析问题的能力，还增强了他们的创造性思维和解决问题的能力。在教学过程中融入不同国家和文化背景的视角，能够通过比较分析不同国家或文化对光学技术发展的贡献和影响来丰富学生的知识视野，增强他们的文化理解和全球视野。

3. 学习动力的激发

信息技术不仅为教师提供了丰富的教学工具和资源，还为学生创造了更加动态、有趣且富有挑战性的学习环境。为了激发学生的学习动力，教师可以巧妙地设计学习任务，任务不仅应当具有挑战性，需要学生运用所学的物理知识去解决问题，还应当充满趣味性，让学生在解决问题的过程中体验到乐趣和成就感。个性化教学在信息技术环境下变得更加可行和高效，教师可以通过学习管理系统收集学生的学习数据，了解他们的学习进度、掌握程度以及兴趣偏好。基于这些数据，教师可以为每个学生提供定制化的学习资源和指导，满足他们的个别需求。在学习管理系统中，进度条和徽章系统等工具可以有效地激励学生完成学习任务。当学生在完成学习任务的过程中取得进展时，他们的进度条会相应地更新，给予他们即时的反馈。而当学生完成学习任务或达到一定的学习成果时，可以获得一枚徽章作为奖励，奖励机制能够极大地激发学生的学习动力，促使学生更加积极地投入到学习中去。

4. 学习支持的提供

教师应确保学生能够获得必要的学习资源，如电子教科书、在线数据库和教育软件等。同时，教师还应提供技术指导和学习策略指导，帮助学生掌握使用信息技术工具的技巧和提高学习效率的方法。此外，教师应建立支持性的沟通渠道，及时响应学生的问题和需求，为他们提供个性化的反馈和指导。为了更系统地提供学习支持，中职学校可以开发学习支持平台，整合上述所有资源和工具。该平台包括个性化的学习路径推荐系统，根据学生的学习进度和表现，推荐适合的学习资源和活动。同时，平台还提供互动社区，让学生能够相互交流和支持。

第四节　信息技术与物理学科整合的教学策略

一、技术支持的策略

1. 技术设备的配置

在中职物理教学中，信息技术与物理学科的整合是推动教学创新的关键途径。技术设备的配置作为这一整合过程的基础，对教学效果有着直接影响。

根据《中等职业学校物理课程标准》(2020 年版) 的相关指导，学校应确保物理教学环境中技术设备的先进性和完备性。

多媒体教室内应安装高性能的计算机，以满足多媒体教学资源的高效处理和展示需求。计算机的处理器速度应不低于 2.5GHz，以保证流畅运行各类教学软件和模拟程序；内存容量建议不少于 4GB，以便支持多任务操作和复杂计算；硬盘空间应达到 500GB 以上，用于存储大量的教学资料、视频和模拟数据。物理实验室应配备计算机和数据采集系统，以支持学生进行科学实验和数据分析。数据采集系统应具备高精度和高稳定性，能够实时记录实验数据，并与计算机软件无缝对接，便于学生进行数据处理和分析。网络连接应支持至少 100Mbps 的下载速度和 20Mbps 的上传速度，确保教学过程中多媒体内容的流畅加载和交互操作的无延迟响应。

2. 技术资源的利用

在中职物理教学中，利用技术资源可以实现信息技术与学科整合。教师应积极采用多样化的技术资源，以增强教学的丰富性和互动性，提升学生的学习体验和认知效率。

网络资源作为现代教育的宝贵财富，提供了广泛的教学材料和工具。教师可以利用在线数据库和学术期刊获取最新的物理学研究成果，引入课堂以保持教学内容的前沿性和科学性。虚拟实验室的运用，为物理实验教学提供了新的解决方案。通过模拟软件进行物理实验，学生可以在没有物理器材的情况下，进行实验操作和数据收集，这不仅节约了实验成本，还提高了实验的安全性和可重复性。教师在利用技术资源时，应依据物理课程标准，选择与教学目标相匹配的资源。例如，针对电路分析的教学单元，教师可以选择含有电路模拟和故障诊断功能的软件，帮助学生掌握电路设计和分析的技能。为了更有效地融合技术资源，教师可以设计以学生为中心的教学活动。通过项目式学习或探究式学习，学生可以在教师的指导下，利用技术资源自主探索物理问题，提出假设，进行实验验证，并得出结论。

3. 技术服务的保障

学校应建立健全的技术支持体系，确保教学设备的正常运行。计算机和数据采集系统的定期软件更新和病毒扫描应至少每月进行一次，以防止系统故障和数据丢失。对于交互式电子白板和 VR 头盔等设备，应进行周期性的清洁和校准，以保证图像的清晰度和操作的流畅性。学校应建立快速响应机制，一旦教学设备出现故障，技术服务团队能够在 2h 内到达现场进行诊断和修复。为了提高响应速度，技术服务团队应由具备专业信息技术知识和物理学科背景的成员组成，他们不仅能处理技术问题，还能理解教学需求，提供针对性的解决方案。技术服务团队应密切关注教育软件的最新版本，评估其对教学的潜在影响，并在不影响正常教学秩序的前提下，制订合理的更新计划。例如，对于物理模拟软件，团队应定期检查更新日志，评估新功能能否增强学生的实验体验或理论理解。

4. 技术培训的提供

对教师进行的信息技术培训内容应包括最新的教育技术工具使用、网络资源的搜索和应用、教学软件的操作等。在教育技术工具方面，教师需要掌握如何使用多媒体制作软件来整合文本、图像、音频和视频，以创造丰富多样的教学内容。此外，在线教学平台的使用培训应教授教师如何创建课程、上传资料、进行在线交流和评估学生作业。在网络资源的搜索与应用培训方面，则侧重于提升教师的信息素养，教授他们如何高效地检索、筛选和利用网络资源，如学术数据库、在线期刊、开放课程和专业社区。在教学软件的操作培训方面，应涵盖一系列专门用于物理教学的软件，如物理模拟软件、数据分析软件和计算机辅助设计（CAD）工具。教师需要了解这些软件的基本功能和高级特性，以及如何将其整合到教学设计中，以增强学生的实践操作能力和问题解决能力。

二、教学资源的开发

1. 数字教材的编写

数字教材的编写旨在通过现代信息技术手段优化教学内容、提高教学效果。数字教材编写的第一步是明确教材编写的目标，即根据《中等职业学校物理课程标准》（2020 年版）的要求，确定教学内容和教学目标。在此基础上，结合中职学生的实际情况，设计适合其认知水平和学习需求的教学内容。具体编写过程中，需遵循科学性、系统性、实用性和趣味性等原则，确保内容的准确性和逻辑性。

在数字教材的内容组织上，需采用模块化结构，以便于学生自主学习和教师灵活使用。每个模块应包括学习目标、知识点讲解、例题解析、练习题以及拓展阅读等部分。知识点讲解应尽量简明扼要，结合多媒体元素，如动画、视频、互动图表等，以提高学生的理解力和记忆力。例题解析则应注重方法的讲解和思路的拓展，帮助学生掌握解题技巧和逻辑思维能力。练习题部分需设计多层次、多类型的题目，包括选择题、填空题、计算题和实验设计题等，覆盖不同难度层次，以便于学生进行全面的知识巩固和能力提升。在数字教材的编写过程中，教材内容应体现物理知识在现代科技和生产生活中的应用，引导学生在学习过程中培养解决实际问题的能力。例如，在讲解力学知识时，可结合工程机械、建筑结构等实例；在讲解电学知识时，可结合电子电器、自动化控制等实例。数字教材编写完成后，还需进行多轮审核和修订。首先由编写团队内部进行初步审核，确保内容的科学性和逻辑性；其次邀请相关学科专家进行专业审核，确保内容的权威性和规范性；最后进行试用反馈，通过在实际教学中的应用收集教师和学生的意见和建议，进一步修改和完善教材内容，以达到最佳的教学效果。

2. 教学视频的制作

教学视频的制作是通过将抽象的物理概念、原理和过程形象化，帮助学生更直观地理解和掌握知识。在制作教学视频时，需首先制定详细的制作计划，包括确定教学内容、编写脚本、设计动画、录制讲解、剪辑后期等步骤。每一步骤都需要严格按照教学大纲和课程标准进行，以确保教学内容的科学性和规范性。

在教学内容的选择上，应以中职物理课程中的重难点知识为主，结合实际教学中学生普遍存在的疑难问题，设计针对性强、易于理解的视频内容。脚本编写是教学视频制作的基础，需详尽讲解每一个知识点、每一个实验的演示步骤以及每一个问题的解答思路。脚本内容应通俗易懂，逻辑清晰，并尽量结合实际案例和生活实例，增强教学的趣味性和实用性。

在视频制作过程中，引入三维动画、虚拟现实等技术，可以将抽象的物理概念和复杂的物理过程形象化、动态化，增强学生的理解和记忆。例如，在讲解牛顿第三定律时，可以通过动画演示两个物体相互作用的力，直观展示作用力与反作用力的关系；在讲解电磁感应原理时，可以通过三维动画展示磁场变化引起电流产生的过程，帮助学生更好地理解这一抽象概念。

视频录制环节需注意画面和声音的质量，确保讲解清晰、流畅。在录制讲解时，教师需尽量使用简洁明了的语言，结合适当的手势和表情，增强讲解的生动性和感染力。录制环境应安静、光线充足，以确保视频画面和声音的质量。在录制过程中，教师还可以使用触控板、白板等工具进行辅助讲解，增强视频的互动性和趣味性。

视频制作完成后，还需进行专业的剪辑和后期处理。在剪辑过程中，应根据教学内容的逻辑顺序和学生的认知规律，对视频进行合理的分段和编排，确保每个知识点的讲解都连贯、完整。后期处理包括添加字幕、配乐、特效等，以增强视频的观赏性和教学效果。例如，在讲解过程中添加适当的背景音乐，可以调节学习气氛；在重要知识点和关键步骤上添加特效提示，可以帮助学生更好地记忆和理解。教学视频制作完成后，先进行多轮审核和试用，再通过实际教学中的应用反馈，不断改进和完善视频内容和制作质量。最终形成的教学视频应以多种形式发布，包括光盘、网络视频、移动应用等，以满足不同教学环境和学习方式的需求。

3. 教学软件的开发

在教学内容的展示上，教学软件应以图文并茂、动画演示、视频讲解等多种形式呈现物理知识，帮助学生更好地理解和掌握。在学习进度管理上，教学软件应具备个性化学习路径的设计功能，根据学生的学习情况和进度，提供有针对性的学习建议和复习计划。在知识点的评测上，教学软件应设计多种形式的测试题目，包括选择题、填空题、计算题、实验设计题等，帮助学生进行全面的知识巩固和自我评估。

互动实验的模拟是教学软件的一大亮点，通过虚拟实验室的设计，学生可以在计算机上进行各种物理实验操作、观察实验现象、分析实验数据、验证物理定律和原理。虚拟实验室不仅可以弥补实际实验室资源的不足，还可以提供更加安全、可重复的实验环境，帮助学生更好地掌握实验技能和科学方法。例如，在电学实验中，学生可以通过虚拟实验室进行电路搭建、参数调节、电流电压测量等操作，观察不同电路参数对实验结果的影响；在力学实验中，学生可以通过虚拟实验室进行力的合成与分解、运动轨迹的观察与分析等操作，验证力学原理和定律。

教学软件的开发过程需遵循软件工程的规范，包括需求分析、系统设计、编码实现、测试验证、发布维护等阶段。需求分析阶段重点在于明确用户需求和功能需求。系统设计阶段需确定软件的体系结构、功能模块、数据结构、用户界面等，确保软件的整体性和一致性。编码实现阶段需按照设计方案进行详细的程序编写，确保软件功能的实现和性能的优化。测试验证阶段需进行全面的功能测试和性能测试，发现并修正软件中的错误和缺陷，确保软件的可靠性和稳定性。发布维护阶段需进行软件的安装部署、用户培训、技术支持等工作，确保软件的顺利应用和持续改进。

教学软件的开发还需注重用户体验和交互设计，通过友好的界面、简洁的操作、及时的反馈，提升学生的学习积极性和参与度。例如，界面设计应简洁美观，功能布局应合理清晰，操作流程应简单易懂；交互设计应注重及时的反馈和引导，如在学生完成测试后立即给出评分和解析，在学生进行实验操作时给予适时的提示和指导等。

4. 网络课程的建设

网络课程的建设应结合中职学生的实际情况，确定学生应掌握的知识和技能，课程内容需要涵盖物理学科的基础知识、核心概念和基本技能，结合实际应用，设计丰富多样的教学活动和学习任务。在课程结构的设计上，应采用模块化结构，便于学生自主学习和教师灵活使用。每个模块应包括学习目标、知识点讲解、例题解析、练习题以及拓展阅读等部分。知识点讲解应尽量简明扼要，结合多媒体元素，如动画、视频、互动图表等，以提高学生的理解力和记忆力。例题解析则应注重方法的讲解和思路的拓展，帮助学生掌握解题技巧和逻辑思维能力。练习题部分需设计多层次、多类型的题目，包括选择题、填空题、计算题和实验设计题等，覆盖不同难度层次，以便于学生进行全面的知识巩固和能力提升。在教学方法的设计上，应注重线上线下的结合，通过直播教学、录播教学、在线讨论、互动答疑等多种形式，提供丰富多样的学习体验。直播教学可以实现实时互动，增强教学的即时性和参与性；录播教学可以实现灵活学习，方便学生随时回看和复习；在线讨论可以实现师生之间、生生之间的交流互动，促进知识的分享和碰撞；互动答疑可以实现个性化辅导，帮助学生解决学习中的疑难问题。在评估方式的设计上，应采用多元化的评估手段，通过在线测试、作业提交、学习记录、互动参与等多种形式，全面评估学生的学习效果和学习过程。在线测试可以通过自动评分系统，实现快速、准确的成绩评定；作业提交可以通过在线批改系统，实现及时、详细的反馈；学习记录可以通过数据分析系统，实现全面、动态的学习监控；互动参与可以通过积分系统，实现积极、有效的学习激励。

网络课程建设的技术支持需包括课程平台的开发和维护、服务器的配置和管理、网络安全的保障等。课程平台的开发需遵循软件工程的规范，包括需求分析、系统设计、编码实现、测试验证、发布维护等阶段。服务器的配置需确保网络课程的高效运行和数据的安全存储，网络安全的保障需包括防火墙、防病毒、防黑客等多种措施，确保网络课程的安全稳定运行。网络课程建设完成后，还需进行多轮试用和优化，通过实际教学中的应用反馈，不断改进和完善课程内容和技术平台。最终形成的网络课程应以多种形式发布，包括网页版、移动端等，以满足不同教学环境和学习方式的需求。

三、教学模式的创新

1. 混合学习的模式

混合学习模式结合了传统课堂教学与现代信息技术的优势，通过线上与线下学习资源的整合，提升了教学效果和学习体验。在课程设计上，混合学习模式强调线上与线下内容的有机结合和互补。线上部分通常包括数字教材、教学视频、虚拟实验、在线测试等多种资源，线下部分包括课堂讲授、实验操作、小组讨论等多种活动。每个教学单元需明确线上和线下的学习目标、内容和任务，确保学生在不同学习环境下都能有效地进行知识建构和能力提升。数字教材应遵循科学性、系统性、实用性和趣味性等原则，教学视频需通过动画、演示等多媒体手段形象化知识点，虚拟实验室应模拟真实实验环境提供交互式学习体验，在线测试需设计多种题型全面评估学生的学习效果。

教学实施过程中，教师需充分利用信息技术手段支持学生的自主学习和协作学习。线上学习部分，学生可以根据自身学习进度和理解能力，自主选择学习内容和学习方式；线下学习部分，教师需通过课堂讲授、实验指导、小组讨论等方式，巩固和拓展学生的知识和技能。教师在课前通过学习管理系统布置学习任务，学生在课后通过在线平台提交学习成果和反馈意见，教师根据学生的学习数据进行个性化指导和调整教学策略。教学过程中，教师需注重激发学生的学习兴趣和主动性，通过任务驱动、项目学习等方法，引导学生进行深度学习和探究式学习。

在评价反馈上，混合学习模式需采用多元化的评价方式，通过过程性评价和结果性评价相结合的方法，全面评估学生的学习效果和能力发展。过程性评价包括学习行为记录、任务完成情况、课堂参与度等，结果性评价包括单元测试、实验报告、项目成果等。教师需通过数据分析工具，对学生的学习过程和结果进行量化分析和可视化展示，及时发现学生的学习问题和薄弱环节，提供有针对性的反馈和改进建议。评价结果应与学生的学业成绩、综合素质评定等挂钩，激励学生不断努力和进步。

2. 翻转课堂的应用

依据《中等职业学校物理课程标准》(2020 年版) 的要求，翻转课堂在中职物理教学中的应用需从教学设计、资源开发、实施策略等方面进行全面规划和实施。

在教学设计上，翻转课堂强调课前自主学习与课内互动探讨的有效结合。课前自主学习部分，教师需根据教学目标和学生需求，设计并提供多样化的学习资源，包括数字教材、教学视频、在线测验、预习导引等。课前学习任务应明确具体，帮助学生在预习过程中掌握基本知识和概念，为课内深度探讨做好准备。教学视频需简明扼要，结合多媒体手段直观讲解知识点，在线测验需及时反馈学习效果，预习导引需引导学生带着问题和思考进行学习。

在资源开发上，翻转课堂需依托信息技术平台，提供丰富多样的数字资源和学习工具。教师需精心设计和制作教学视频，内容应紧扣教学目标，结合实际案例和实验演示，帮助学生形象理解和掌握知识点。在线学习平台应具备资源管理、学习记录、互动交流、测评反馈等多种功能，支持学生进行自主学习和协作学习。虚拟实验室、互动图表、动画演示等多媒体资源，应有效辅助学生进行知识建构和探究学习。

在实施策略上，翻转课堂需充分发挥学生的主体作用和教师的指导作用。课前学习过程中，学生根据教师提供的资源和任务自主安排学习，教师通过学习管理系统监控学习进度和效果，提供在线指导和答疑。课内教学过程中，教师需根据学生的预习情况，设计并组织多样化的教学活动，包括小组讨论、问题探讨、实验操作、案例分析等，促进学生对知识的深度理解和灵活运用。教师需注重引导学生进行合作学习和探究学习，通过问题驱动、项目学习等方式，激发学生的学习兴趣和创造力。

在评价反馈方面，翻转课堂需结合过程性评价和结果性评价，全面评估学生的学习效果和能力发展。过程性评价包括预习情况、课堂参与、合作表现等；结果性评价包括单元测试、实验报告、项目成果等。教师需通过数据分析工具，对学生的学习过程和结果进行量化分析和可视化展示，及时发现学生的学习问题和薄弱环节，提供有针对性的反馈和改进建议。评价结果应与学生的学业成绩、综合素质评定等挂钩，激励学生不断努力和进步。

3. 个性化学习的实现

个性化学习模式通过现代信息技术提供个性化的学习路径和学习资源，满足学生的多样化学习需求，提升学习效果和学习体验。根据《中等职业学校物理课程标准》（2020 年版）的要求，个性化学习在中职物理教学中的实现需从学习需求分析、资源定制、学习支持等方面进行系统化的规划和实施。

在学习需求分析上，个性化学习需结合学生的学习背景、认知特点、兴趣爱好等多种因素，进行全面的学习需求分析。教师需通过问卷调查、学习记录、测评数据等多种手段，了解学生的学习现状和学习需求，制定个性化的学习方案和学习目标。学习需求分析应结合学生的知识基础、学习进度、学习困难等因素，提供有针对性的学习指导和支持。

在资源定制上，个性化学习需依托信息技术平台提供多样化的学习资源和学习工具，满足学生的个性化学习需求。数字教材应图文并茂，结合动画、视频、互动图表等多媒体元素，帮助学生形象理解和掌握知识点。教学视频需简明扼要，内容紧扣教学目标，结合实际案例和实验演示，增强学生的学习兴趣和学习效果。虚拟实验室、互动练习、在线测验等资源，应有效辅助学生进行知识建构和探究学习。

在学习支持上，个性化学习需注重个性化学习路径的设计和个性化学习支持的提供。学习路径的设计需根据学生的学习需求和学习进度，提供灵活多样的学习选择和学习建议。学习支持需通过在线辅导、答疑、反馈等多种形式提供，帮助学生解决学习中的疑难问题和学习障碍。教师需在学习过程中全程跟踪和指导学生的学习进展，提供及时的反馈和改进建议，确保学生的学习效果和学习体验。

个性化学习的实现需结合现代信息技术提供数据分析和可视化工具，通过学习数据的分析和展示，全面评估学生的学习效果和学习进程。数据分析工具应具备学习行为记录、学习效果评估、学习建议提供等多种功能，帮助教师和学生进行科学有效的学习管理和学习改进。可视化工具应通过图表、曲线等多种形式，直观展示学生的学习数据和学习趋势，帮助教师和学生进行及时的调整和优化。

在评价反馈上，个性化学习需结合过程性评价和结果性评价，全面评估学生的学习效果和能力发展。过程性评价包括学习行为记录、任务完成情况、互动参与度等；结果性评价包括在线测试、实验报告、项目成果等。教师需通过数据分析工具，对学生的学习过程和结果进行量化分析和可视化展示，及时发现学生的学习问题和薄弱环节，提供有针对性的反馈和改进建议。评价结果应与学生的学业成绩、综合素质评定等挂钩，激励学生不断努力和进步。

个性化学习的推广需注重学生自主学习能力和学习习惯的培养，通过课程设置、资源提供、平台支持等多方面的努力，引导学生逐步适应和掌握个性化学习的方式和方法。教师需在学习过程中全程跟踪和指导学生的学习进展，提供及时的反馈和改进建议，确保学生的学习效果和学习体验。学校需提供必要的技术支持和资源保障，确保个性化学习的顺利进行和持续改进。

四、教学效果的评估

1. 评估标准的制定

评估标准的制定是中职物理教学效果评估的基础环节，通过明确具体、可量化的评估指标，确保评估过程的科学性和公正性。知识掌握方面，应包括基本概念、基本原理、基本规律等内容，评估学生对物理学科基础知识的理解和掌握情况。技能应用方面，应包括实验操作、问题解决、数据分析等内容，评估学生将理论知识应用于实际操作和解决实际问题的能力。科学素养方面，应包括科学态度、科学方法、科学精神等内容，评估学生在学习过程中形成的科学素养和科学思维。创新能力方面，应包括创新思维、创新实践、创新成果等内容，评估学生在物理学习过程中表现出的创新意识和创新能力。

评估标准的制定需结合中职学生的学习特点和职业需求，突出实用性和针对性。评估指标应根据教学目标和教学内容，进行具体化和细化，确保评估的可操作性和可比性。例如，在知识掌握方面，可设定具体的知识点和知识模块，明确学生应掌握的具体内容和水平；在技能应用方面，可设定具体的实验项目和操作步骤，明确学生应达到的具体要求和标准；在科学素养方面，可设定具体的行为表现和态度倾向，明确学生应具备的具体素养和素质；在创新能力方面，可设定具体的创新任务和创新项目，明确学生应完成的具体成果和效果。

评估标准的制定需遵循科学性、公正性、系统性等原则，确保评估过程和评估结果的可靠性和有效性。科学性原则要求评估标准的制定需基于教育科学和测量学的理论和方法，确保评估指标的科学性和合理性；公正性原则要求评估标准的制定需考虑不同学生的差异性和多样性，确保评估过程的公平性和公正性；系统性原则要求评估标准的制定需系统考虑各个评估维度和评估指标的相互关系，确保评估内容的全面性和系统性。

2. 评估方法的选择

评估方法的选择是中职物理教学效果评估的重要环节，通过多样化、科学化的评估手段，全面、准确地评估学生的学习效果和发展水平。评估方法应包括定量评估和定性评估，结合过程评估和结果评估，采用多元化的评估手段，确保评估的全面性和客观性。

定量评估方面，常用的方法包括标准化测试、实验操作测评、作业成绩评定等，通过量化的评估数据，反映学生在知识掌握、技能应用等方面的具体水平。标准化测试可采用选择题、填空题、计算题等多种题型，全面考查学生对物理知识的掌握情况；实验操作测评可采用具体的实验项目和操作步骤，评估学生的实验操作能力和实验结果；作业成绩评定可采用具体的作业任务和评分标准，评估学生在作业中的表现和完成情况。定量评估的优点在于数据直观、易于比较，但需注意评估工具的科学性和合理性，避免片面化和单一化。

定性评估方面，常用的方法包括观察记录、学生自评、同伴互评、教师评价等，通过质性的评估信息，反映学生在科学素养、创新能力等方面的具体表现。观察记录可采用课堂观察、实验观察等形式，记录学生在学习过程中的行为表现和态度倾向；学生自评可采用问卷调查、学习反思等形式，了解学生对自己学习情况的认识和评价；同伴互评可采用小组讨论、互评表等形式，了解学生在合作学习中的表现和贡献；教师评价可采用课堂评价、实验评价等形式，了解教师对学生学习效果和发展水平的评价和反馈。定性评估的优点在于信息全面、易于反映学生的真实情况，但需注意评估标准的明确性和评估过程的规范性，避免主观性和随意性。

过程评估方面，常用的方法包括学习记录、阶段测试、学习日志等，通过对学生学习过程的动态评估，了解学生的学习进展和学习效果。学习记录可采用学习管理系统、课堂记录等形式，记录学生在学习过程中的参与度和表现；阶段测试可采用单元测试、期中考试等形式，评估学生在不同阶段的学习效果和知识掌握情况；学习日志可采用学习日记、学习反思等形式，记录学生在学习过程中的思考和感悟。过程评估的优点在于评估持续、信息全面，但需注意评估过程的系统性和评估数据的有效性，避免片面化和表面化。

结果评估方面，常用的方法包括期末考试、项目成果评定、综合素质评定等，通过对学生学习结果的总结评估，了解学生的学习成效和发展水平。期末考试可采用综合性试卷，全面考查学生在整个学习过程中的知识掌握和能力发展情况；项目成果评定可采用具体的项目任务和评价标准，评估学生在项目学习中的表现和成果；综合素质评定可采用综合素质评定表，评估学生在学习过程中的综合表现和发展水平。结果评估的优点在于评估全面、结果明确，但需注意评估标准的科学性和评估过程的公正性，避免片面化和单一化。

3. 评估数据的分析

评估数据的分析应包括数据收集、数据整理、数据统计、数据解释等多个步骤，采用多元化的分析手段，确保分析结果的可靠性和有效性。

在数据收集上，需采用多种评估手段，全面、系统地收集学生在学习过程中的评估数据。数据来源包括标准化测试、实验操作测评、作业成绩评定、观察记录、学生自评、同伴互评、教师评价等，通过多样化的数据收集方式，确保评估数据的全面性和多样性。数据收集需遵循科学性和规范性原则，确保数据的真实性和可靠性，避免数据的片面性和随意性。

在数据整理上，需对收集到的评估数据进行分类、筛选、整理，确保数据的完整性和一致性。数据整理可采用电子表格、数据库等工具，进行数据的录入、清洗、编码、存储等操作，确保数据的准确性和规范性。数据整理需遵循系统性和规范性原则，确保数据的逻辑性和一致性，避免数据的混乱和重复。

在数据统计上，需采用多种统计方法，对整理后的评估数据进行量化分析，反映学生在不同评估维度和评估指标上的具体表现和水平。常用的统计方法包括描述统计、推断统计、相关分析、回归分析等，通过统计量的计算和统计图表的展示，直观反映学生的学习效果和发展水平。描述统计可采用平均数、中位数、标准差等指标，反映学生在不同评估维度上的总体水平和分布情况；推断统计可采用 t 检验、方差分析等方法，比较不同群体或不同阶段的学习效果差异；相关分析可采用相关系数、散点图等方法，分析不同评估指标之间的关系和影响；回归分析可采用回归方程、回归系数等方法，预测学生学习效果的发展趋势和影响因素。

在数据解释上，需结合教学目标、教学内容、教学方法等多种因素，对统计结果进行深入分析和解释，反映评估数据的实际意义和应用价值。数据解释可采用定量分析和定性分析相结合的方法，通过数据的比较、归纳、总结，揭示学生学习效果的内在规律和发展趋势。数据解释需遵循科学性和合理性原则，确保分析结果的准确性和客观性，避免分析的片面性和随意性。

4. 评估结果的应用

评估结果的应用是中职物理教学效果评估的最终环节，通过评估结果的反馈、应用和改进，推动教学质量的提升和学生的发展。评估结果的应用应包括结果反馈、结果应用、结果改进等多个方面，确保评估结果的实际价值和应用效果。

在结果反馈上，需将评估结果及时、准确地反馈给学生、教师和家长，帮助各方了解学生的学习效果和发展水平。结果反馈可采用成绩报告、评语反馈、面谈反馈等多种形式，通过多样化的反馈方式，确保反馈信息的全面性和准确性。成绩报告可采用成绩单、成绩分析报告等形式，详细列出学生在不同评估维度和评估指标上的具体成绩和表现；评语反馈可采用评语表、评语卡等形式，提供针对性的评价和建议；面谈反馈可采用个别面谈、小组面谈等形式，进行面对面的交流和沟通。结果反馈需遵循及时性和准确性原则，确保反馈过程的有效性和反馈结果的准确性，避免反馈的片面性和模糊性。

在结果应用上，需将评估结果应用于教学改进、教学评价、学生指导等多个方面，推动教学质量的提升和学生的发展。教学改进方面，可根据评估结果，调整教学目标、优化教学内容、改进教学方法，提升教学的针对性和有效性；教学评价方面，可根据评估结果，进行教师评价、课程评价、教材评价，提升教学评价的科学性和公正性；学生指导方面，可根据评估结果，进行个别辅导、学习规划、职业指导，提升学生指导的针对性和实效性。结果应用需遵循科学性和合理性原则，确保应用过程的有效性和应用结果的实际性，避免应用的随意性和表面性。

在结果改进上，需根据评估结果，进行持续的改进和优化，不断提升评估的质量和效果。改进措施包括评估标准的优化、评估方法的改进、评估数据的完善等，通过持续的改进和优化，确保评估过程的科学性和评估结果的有效性。评估标准的优化可根据实际情况和发展需求，进行动态调整和优化，确保评估标准的科学性和适用性；评估方法的改进可根据评估实践和技术发展，采用新的评估手段和评估工具，提升评估方法的多样性和有效性；评估数据的完善可根据数据分析和数据应用，进行数据的补充和完善，确保评估数据的完整性和准确性。结果改进需遵循持续性和系统性原则，确保改进过程的系统性和改进效果的持续性，避免改进的片面性和短期性。

参考文献

[1] 刘丽，吴玉洁. 提高中职物理课堂教学有效性的实践研究——以电源的输出电压与外电阻的关系为例 [J]. 物理通报，2024（6）：42-44.

[2] 吴美坤. 新课程标准下中职物理教学方法浅谈 [J]. 科技风，2024（15）：23-25.

[3] 高玉香. 大单元教学视域下中职物理"四阶体验"教学模式的建构与实践 [J]. 当代农机，2024（5）：38-39.

[4] 王荣昆. 中职物理教学中创新能力的培养探讨 [J]. 数理化解题研究，2024（12）：95-97.

[5] 张素贞. 中职物理生活化教学情境的创设策略探析 [J]. 数理天地（高中版），2024（8）：86-88.

[6] 李慧铭. 理实一体化教学模式在中职物理教学中的具体实施 [J]. 亚太教育，2024（8）：105-107.

[7] 刘娟. 浅论中职物理教学中的思政教育 [J]. 新智慧，2024（10）：37-39.

[8] 张焕领，胡金宝. 信息技术在中职课堂教学模式改革中的应用策略 [J]. 科学咨询（教育科研），2024（3）：114-117.

[9] 冯蕊娟. 中职物理教师信息技术素养能力提升策略 [J]. 数理天地（高中版），2024（6）：119-121.

[10] 陈发木. 浅谈任务型教学模式在中职物理教学中的实施策略 [J]. 学周

刊，2024（11）：35-37.

［11］周宇. 中职物理信息化课堂教学的构建与实践探索［J］. 吉林省教育学院学报，2024，40（3）：139-143.

［12］陈闽蜀. 中职物理课堂教学中探究式教学的应用［J］. 亚太教育，2024（5）：142-145.

［13］阿不都拉·奥斯曼. 关于中职物理教学中渗透传统文化的探索［J］. 物理通报，2024（2）：73-76.

［14］胡霄骁. 劳动教育融入中职物理课程教学探析［J］. 成才之路，2024（3）：89-92.

［15］王文慧. 中职物理教学中任务型教学模式的实践研究［J］. 数理化解题研究，2024（3）：69-71.

［16］袁丰. 核心素养导向下中职物理教学路径探究［J］. 广西物理，2023，44（4）：103-105.

［17］王波. 在物理教学中渗透核心素养的有效路径［J］. 教育艺术，2023（11）：46-47.

［18］曹建伟. 在中职物理教学中融入技能教育的探讨［J］. 试题与研究，2023（33）：150-152.

［19］安克林. 中职物理教学"讲""学"脱节问题及对策［J］. 学周刊，2023（31）：49-51.

［20］解秀锋. 中职物理情境化教学的运用路径探析［J］. 广西物理，2023，44（3）：161-163.

［21］张文光. 现代信息技术在中职物理教学中的应用探究［J］. 成才之路，2023（25）：81-84.

［22］来亚玲. 中职物理教学中渗透核心素养的方法探究［J］. 知识窗（教师版），2023（7）：84-86.

［23］梅良华. 中职物理教学中STS教育渗透分析［J］. 数理天地（高中版），2023（14）：93-95.

［24］祖丽胡玛尔·图尔贡. 试析中职物理教学中融入核心素养的策略研究

［C］//广东省教师继续教育学会. 广东省教师继续教育学会第二届全国教学研讨会论文集（八）. 新疆维吾尔自治区乌什县职业技术学校，2023：5.

［25］李自方. 中职物理教学与电气专业实训教学有效融合［J］. 新教育，2023（20）：103-104.

［26］刘丽敏. 浅谈当前中职物理课堂教学的困境与解题思考［J］. 数理天地（高中版），2023（12）：11-12.

［27］周伯生. 中职物理教学中如何有效实施思政教育［J］. 华人时刊（校长），2023（6）：80-81.

［28］孙浩. 中职物理探究式教学实践研究［J］. 新课程研究，2023（11）：114-116.

［29］张菲. 探索在中职物理教学中渗透核心素养的路径［J］. 新课程，2023（9）：38-40.

［30］陈星华. 谈中职物理教学中学生实践能力的培养［J］. 数理化解题研究，2023（9）：78-80.

［31］杨立斌. 解析中职物理教学中渗透核心素养的方法［J］. 学周刊，2023（10）：25-27.

［32］王江莉. 如何构建中职物理互动式课堂［C］//广东省教师继续教育学会. 广东省教师继续教育学会教师发展论坛学术研讨会论文集（五）. 陕西省渭南市澄城县职教中心，2023：4.

［33］李丽君. 运用现代信息技术推动中职物理教学改革［J］. 新课程，2023（6）：115-117.

［34］邓淑娟. 中职物理教学中存在的问题与优化策略［J］. 新课程，2023（6）：91-93.

［35］潘师安. 中职物理教学中有效利用错误资源的探讨［J］. 数理化解题研究，2023（6）：68-70.

［36］汪洋. 中职物理教学与电工基础课程有效衔接的思考［J］. 知识文库，2023（4）：190-192.

［37］毛德贤. 浅谈如何加强中职物理实验教学［J］. 知识文库，2023（4）：160-162.

［38］李闯. 信息技术与中职物理学科融合教学的探讨［C］//广东省教师继续教育学会. 广东省教师继续教育学会第六届教学研讨会论文集（五）. 陕西省安康市岚皋县职业教育中心，2023：3.

［39］李康. 中职物理教学中"理实一体化"教学模式应用分析［J］. 成才，2023（1）：113-114.

［40］林亚丽. 中职物理教学中创新能力的培养［C］//中国国际科技促进会国际院士联合体工作委员会. 2023年课程教育探索学术论坛论文集（三）. 陕西省渭南市澄城县职业教育中心，2023：4.

［41］王艳. 中职物理生活化教学策略研究［J］. 试题与研究，2022（36）：85-87.

［42］王国栋，田雁羚. 中职物理教学研究策略［C］//廊坊市应用经济学会. 对接京津——社会形态 基础教育论文集. 信阳艺术职业学院，2022：3.

［43］王国栋，田雁羚. 中职物理实验探究教学研究［C］//廊坊市应用经济学会. 对接京津——社会形态 基础教育论文集. 信阳艺术职业学院，2022：3.

［44］许博. 中职物理教学提高学生核心素养的措施分析［J］. 科学咨询（教育科研），2022（10）：176-178.

［45］朱华兵. 中职物理教学中学生创新能力的培养研究［J］. 知识文库，2022（18）：121-123.

［46］杨立斌. 中职物理教学中小组合作学习模式的应用分析［J］. 广西物理，2022，43（3）：186-188.